例说初中语文有效教学设计

余映潮 著

大夏书系 · 语文之道

华东师范大学出版社
·上海·

目录
contents

自 序 / 001

第一章　教学理念篇

1. 把握 2022 年版语文新课标的思想精髓 / 003
2. 遵循统编初中语文教材的科学性进行教学 / 009
3. 有效阅读教学需要把握的六个"关注" / 015
4. 好课设计的八字诀 / 020

第二章　教材研读篇

1. 教材研读能力是教师教学能力的半壁江山 / 033
2. 概说语文教师课文研读的方法 / 038
3. 课文研读的六种基本角度 / 044
4. 学会提取课文中的教学资源 / 049
5. 多写一点课文赏析的小美文 / 057

第三章　设计艺术篇

1. 阅读教学好课的基本特点 / 067
2. 突现学科性质，落实语言训练 / 072

3. "任务"与"实践",课堂教学之关键 / 080

4. "板块式"思路的教学魅力 / 087

5. "主问题"引领着课堂实践活动 / 092

6. 尝试运用阅读教学中的诗意手法 / 097

7. "教材处理"是必备的教学设计能力 / 106

8. 把握"教读"与"自读"的教学分寸 / 111

9. 一线语文教师有效阅读教学的最好形式 / 117

10. "长文短教"的教学境界 / 122

11. "短文"的教学艺术 / 126

12. "选点",一种精致的教学手法 / 131

13. 学会用"段" / 136

14. 一文多用,一课多案 / 141

15. 提升文学作品的教学艺术 / 149

第四章　作文教学篇

1. 充分利用教材中的写作训练资源 / 161

2. 在资料研究中提高作文教学水平 / 169

3. 要重视对作文表达规律的提炼 / 176

4. 建立"写作技法知识"的教学意识 / 185
5. 给学生安排一点趣味练习活动 / 191
6. 精心设计高雅的课中微写活动 / 198
7. 范文引路，确保有效的课堂作文训练 / 206
8. 给学生编写一份实用有效的学案 / 212

第五章　教学创意篇

1. 七上第3课《雨的四季》创新教学设计 / 221
2. 七上第5课《秋天的怀念》创新教学设计 / 225
3. 七下第6课《老山界》创新教学设计 / 229
4. 七下第15课《驿路梨花》创新教学设计 / 233
5. 八上第13课《钱塘湖春行》创新教学设计 / 237
6. 八上第17课《昆明的雨》创新教学设计 / 241
7. 八下第20课《一滴水经过丽江》创新教学设计 / 245
8. 八下第24课《卖炭翁》创新教学设计 / 249
9. 九上第25课《刘姥姥进大观园》创新教学设计 / 253
10. 九下第1课《祖国啊，我亲爱的祖国》创新教学设计 / 257

自 序

说到有效的、高效的教学设计，我们更要着力关注的，其实是教师正确的教学理念、学问背景与高层次的教学水平。

我常常用比较精致的提炼来表达我的课程观、教学观、教师观等，以期丰富自己的教学理念，并希望带给语文教师同仁们一些启迪。

比如我给刚入职的年轻语文教师的寄语：

1. 课文研读能力决定我们终身的阅读教学。
2. 一定记得阅读教学不是就课文问课文。
3. 课堂阅读教学的本质是利用课文资源。
4. 特别关注学生的语言学用与技能训练。
5. 好课的基本要求之一是教学思路清晰。
6. 好课的基本要求之二是课堂提问精粹。
7. 好课的基本要求之三是学生活动充分。
8. 从上课开始之日起就要克服平俗手法。

我的教学发现、教学创新、教学思考，都与精致的科研手法有关，即上面所说的"提炼"。下面一些内容，多角度、立体地表现了我对教师、教研、有效教学的思考，它们也是我自认为的思想结晶。

现与广大教师朋友们分享。

一、语文教师的素养目标

第一奋斗目标：课堂教学技艺精湛；

第一基本功夫：能用多种方法研读教材；

第一研究重点：自己的有效与高效的课堂教学；

第一科研能力：提炼能力；

第一写作训练：学科教学论文；

第一学术历练：小专题研究；

第一进修策略：拥有学科专业杂志；

第一优秀习惯：坚持积累，及时沉淀。

二、高效课堂教学的基本理念

"教材研读"是教师教学能力的试金石；

"利用教材"是阅读教学理念的指南针；

"实践活动"是阅读课堂训练的聚宝盆；

"知识渗透"是课文阅读教学的智慧泉；

"集体训练"是学科高效课堂的顶梁柱。

三、语文教师的自我训练方法

用"整体反复"法提升自己教材研读的能力；

用"详写教案"法提升自己教学设计的能力；

用"优化细节"法提升自己的课堂教学能力；

用"积累范例"法提升自己作文指导的能力；

用"分类提炼"法提升自己试题研究的能力；

用"千字短论"法提升自己文章写作的能力；

用"专项研究"法提升自己学科教研的能力；

用"名师研究"法提升自己持续发展的能力。

四、教材研读的丰富角度

章法欣赏的析读；

内容概括的写读；

笔法手法的品读；

语言品析的赏读；

精段分析的研读；

入境入情的朗读；

教学资源的类读；

文献资料的助读。

五、有效教学设计的简明要求

非常讲究"课文研读";

十分重视"教学思路";

关键在于"实践活动";

时时关注"技能训练";

精心考虑"积累丰富"。

六、语文高效课堂教学的基本要素

关注学生的语言学用;

关注学生的技能训练;

关注学生的知识积累;

关注学生的集体活动;

关注学生的审美教育;

关注课文的教学标高。

七、阅读教学"好课"的教学境界

充分有效利用课文,充分设计学生的有效活动;

关注语言教学,关注技能训练;

着力于思路清晰,着力于提问简洁;

内容集中深入,学生集体训练;

注重细化角度,注重优化方法;

让学生真有收获,让学生大有收获;

得体地教学,得法地教学;

讲求教师素养,讲求教师教学艺术。

八、语文教师的六懂得

懂得课堂阅读教学成功的最重要的前提是教师细腻深入的、多角度的课文研读;

懂得语文教学的极其重要的任务是增加学生的语言积累和语文知识的积累;

懂得语文教学的更加重要的任务是形成、提升学生终身受用的阅读与表达的能力;

懂得语文教学的核心理念是让学生在大量的实践活动中学习运用语文的规律；

懂得课堂有效阅读训练三个永恒的重点：语言学用、技能训练、知识积累；

懂得语文教师要技能高强，要用充满智慧的教学带给学生丰硕的收获。

九、优质高效的课堂教学所需要的变化

变"教学课文"为"利用课文"；

变"轻慢语言"为"着力学用"；

变"泛谈感受"为"精读训练"；

变"碎问碎答"为"实践活动"；

变"思路不清"为"板块思路"；

变"读过问过"为"积累丰富"；

变"只读不写"为"读写结合"；

变"预习过分"为"当堂落实"；

变"小组合作"为"班级训练"；

变"平俗手法"为"高雅教学"。

十、什么样的教师是智慧的教师

既有长远规划又有短期奋斗目标的教师是智慧的教师；

懂得在长期艰苦的磨炼中成为课堂教学行家里手的教师是智慧的教师；

非常关注提高自己理论水平和教学修养的教师是智慧的教师；

长期用"文字"的方式积累教育教研教学资料的教师是智慧的教师；

能用"专项突破"的方法展开研究的教师是智慧的教师；

有心用"每月一优课"来训练自己三五年的教师是智慧的教师；

坚持年年月月阅读专业杂志增长学问、积累资料的教师是智慧的教师；

用一段很长的时间刻苦地弥补自己最大的教学弱点的教师是智慧的教师。

……

当每位语文教师的专业素养都能够让学生享受到真正的语文教育的时候，有效的、高效的教学设计及其教学就是很自然的了。

余映潮

2023 年 7 月 31 日写于武汉映日斋

第一章 教学理念篇

本章导读

理念，因为有理性思考的高度而能够指导我们的行动；理念，因为有经验的概括提炼而更加切近事物的规律。本章重点阐释了理解《义务教育语文课程标准（2022年版）》的思想精髓、遵循统编初中语文教材的科学性以及有效教学设计的基本要求等内容，意在强调：在正确理念指导下的课堂教学，能让我们比较准确地把握方向，更有效率地落实教学内容。

1. 把握2022年版语文新课标的思想精髓

课程标准，是国家规定的关于某一学科的课程性质、课程理念、课程目标、课程内容、学业质量、课程实施等重要内容的指导性文件。

所谓"语文新课标"，指的是由中华人民共和国教育部制定的、于2022年4月颁布的《义务教育语文课程标准（2022年版）》，它于2022年秋季学期已经开始执行。

这部语文新课标，强化了课程的育人导向，优化了课程内容结构，研制了学业质量标准，增强了教学指导性，加强了学段衔接，体现了国家在学科教学中立德树人的意志。

这部语文新课标，立意高远，视野宽广，细节丰富，指导意义重大，可以说，它是目前语文课程改革和教学创新的一部"宪法"。领会其精神，落实其要求，对于语文教研界以及一线语文教师而言，显得至关重要。

综观五万余字的语文新课标，有这样一些核心的、精华的内容需要我们把握。

一、立德树人

"立德树人"是所有学科包括语文课程在内的育人目标和教育宗旨。语文新课标指出，"教师应理解核心素养的内涵，全面把握语文教学的育人价值，突出文以载道、以文化人，把立德树人作为语文教学的根本任务，清晰、明确地体现教学目标的育人立意"。

在语文教学中，我们可以从三个方面来体会"立德树人"的育人目标。

一是从有理想、有本领、有担当三个方面，明确义务教育阶段对时代新人培养的具体要求；二是引导学生明确人生发展方向，向着成长为德智体美劳全面发展的社会主义建设者和接班人的方向努力；三是落实语文课程对于学生核心素养的培育，使学生达到拥有正确价值观、必备品格和关键能力的境界。

二、课程性质

语文新课标指出："语文课程是一门学习国家通用语言文字运用的综合性、实践性课程。工具性与人文性的统一，是语文课程的基本特点。"

这是关于语文课程性质的确切定义，对于我们把握语文教学的正确方向和重点内容有着极其重要的指导作用。它警示我们，要特别清醒地知道：语文课程应引导学生热爱国家通用语言文字，在真实的语言运用情境中，通过积极的语言实践，积累语言经验，体会语言文字的特点和运用规律，培养语言文字运用能力。

三、核心素养

核心素养，是语文学科最重要的课程目标之一，是育人目标的具体化；是学生通过课程学习逐步形成的正确价值观、必备品格和关键能力；是课程育人价值的集中体现。

语文学科所培育的学生核心素养，是"学生在积极的语文实践活动中积累、建构并在真实的语言运用情境中表现出来的"，"是文化自信和语言运用、思维能力、审美创造的综合体现"。尽管核心素养的这四个方面是一个整体，但语文新课标仍然进行了这样的强调："在语文课程中，学生的思维能力、审美创造、文化自信都以语言运用为基础，并在学生个体语言经验发展过程中得以实现。"

"核心素养"四个字，也是极具指导性的教学理念，要求我们改变陈旧的教学习惯，更新教学视点，提升教学能力，提高教学效率，让学生得到最有育人质量的学科教育。

四、学段要求

学段要求是课程目标的细化,是语文新课标对于义务教育阶段四个学段教学内容的细致描述,每个学段都从"识字与写字""阅读与鉴赏""表达与交流""梳理与探究"四个方面安排了丰富的学习内容。

如,初中学段"阅读与鉴赏"训练要求的主要内容有:

练习朗读、默读、略读和浏览;理清课文思路,理解、分析主要内容;体味和推敲重要词句在语言环境中的意义和作用;在阅读中了解叙述、描写、说明、议论、抒情等表达方式;欣赏文学作品,品味作品中富于表现力的语言;阅读简单的议论文,能区分观点与材料;阅读新闻和说明性文章,能把握文章的基本观点;阅读由多种材料组合、较为复杂的非连续性文本,能领会文本的意思,得出有意义的结论;诵读古代诗词,提高自己的欣赏品位;等等。

这些都是指向非常明确的让学生终身受用的阅读技能训练。

五、文化教育

语文新课标对于语文课程主题的界定,突现了"文化"二字。

语文课程的主题主要表现在五种文化:一是中华优秀传统文化,二是革命文化,三是社会主义先进文化,四是外国优秀文化,五是日常生活和科技进步方面的内容。它们各有不同的教学载体,以此强化"以文化人"的教育价值取向。

这个方面的知识告诉我们,教学之中要有"文化"意识,要更加科学、精致地运用与"优秀文化"有密切关联的教学资源,让学生获得丰富的熏陶感染与知识积累。

六、学习任务

语文新课标要求,义务教育阶段实施语文课程教学,主要内容是六个语文学习任务群：基础型学习任务群——"语言文字积累与梳理"；发展型学习任务群——"实用性阅读与交流""文学阅读与创意表达""思辨性阅读与表达"；拓展型学习任务群——"整本书阅读"和"跨学科学习"。

所谓"学习任务群"，是围绕核心素养、经过提炼整合并由课程标准规定的、学生在一定的学习阶段中需要以"完成任务"为实践过程的不同范围与角度的丰富的学习内容。

我们可以这样简略地认识学习任务群：（1）它们是学生的学习内容，对教师而言就是教学内容；（2）它们设定了义务教育阶段所有学生必须接受和完成的六大方面的训练内容，共同指向了学生核心素养的形成与发展；（3）它们之间有着从"基础型"到"发展型"，再到"拓展型"的逻辑关联，也有着密切的内在联系，各有侧重，相互融合；（4）每个学习任务群中都有丰富的学习任务，且无一例外地都贯串着义务教育阶段从一年级到九年级相关内容的学习与训练，表现出育人目标的坚定与持续。

学习任务群也是一种教学理念，我们在教学中要特别注意学生"学习任务"的设定与完成。

七、实践活动

语文新课标中多次提到语文教学中的实践活动，反复强调要以"实践活动为主线"。如，"以促进学生核心素养发展为目的，以识字与写字、阅读与鉴赏、表达与交流、梳理与探究等语文实践活动为主线，综合构建素养型课程目标体系"；又如，"要落实学习任务群要求，致力于学生核心素养的整体提升，以学生生活为基础，以语文实践活动为主线，创设丰富多样的学习情境，设计有意义的学习任务，引导学生自主学习、主动积累和积极探究"等。

语文新课标对"实践活动"的反复强调，表现出了对于教师教学理念、教学方法和学生学习方式改变的强烈要求。从现在起，我们在教学之中就应该有"任务"意识以及指导学生进行"实践"的能力，以使我们向语文新课标的教学理念与要求跨进一大步。

如同"学习任务"一样，"实践活动"这四个字也将促使语文教师教学理念与教学方法的根本改变。

八、表达能力

对于学生的写作训练，我们平时往往以"作文"二字表述，但语文新课标却多用"表达"二字，大大拓展了学生写作训练的外延与内涵。

原来，除了大作文和口头表达能力之外，语文新课标着眼于学生面向未来的发展，还要求、建议进行更大范围内的多种形式的表达能力训练。综合来看，有如下内容：

学习记笔记、列大纲、写脚本、画思维导图等整理和呈现信息的方法；能写日记；学习撰写并分享观察、实验研究报告；撰写并发布调查报告；能用流程图、文字等形式呈现活动设计方案；用文字、图表、图画、照片等形式呈现学习成果；在参与（活动的）过程中写出策划方案，制作海报，记录活动过程，运用多种媒介发布学习成果；用策划书、调查报告、小论文等形式发表研究成果；运用跨媒介形式分享研学成果；尝试撰写文学鉴赏文章；等等。

这些内容对于语文教师而言，既是新知识，也是新内容、新要求，让我们开眼界、增压力，促使我们加快提升专业能力和苦练教学本领的步伐。

以上八个关键词，对一线语文教师而言有怎样的重要启迪及要求呢？我们这样来概括：语文课程是学习国家通用语言文字运用的综合性、实践性课程；其宗旨是立德树人、培育学生的核心素养；教师的教学任务与学生的学习任务是语文学习任务群；语文教师的课堂教学要关注学生"学习任务"的落实，让学生在实践活动中得到训练与提升。

变化一下角度，再来提炼语文新课标给我们带来的新理念、新知识、新要求。

语文新课标中最重要的新理念、新知识有：立德树人，课程性质，核心素养，学段要求，文化教育，学习任务，实践活动，学业质量，以及语文课程评价。

语文新课标中关于语文教学的新要求有：立足于学生核心素养的发展，将语言运用能力放在教学与训练的首位，建立学生学习"任务"的意识，增强课程实施的实践性，促进学生学习方式的变革，培养训练学生终身受用的学习方法,丰富课程实施的情境性,注意培养与训练学生在社会生活与未来生活中的语文能力。

语文新课标带给我们的有一定难度的教学内容有:整本书阅读的教学,跨学科学习的指导,跨媒介阅读与交流,社会实践活动的安排,角度多姿的写作训练,真实教学情境的设置,古今文学作品的教学,多种类型的作业设计;还有学生高层次读写能力的训练,如梳理与整合能力、思维能力、审美创造能力等。

语文教师最需要做好两方面的事情:

一是提升教学理念,突现学科特色,要将日常教学的重点落实到学生"语言运用"能力的训练上来。

反观日常大多数的语文课堂教学,很难真正做到关注学生的"语言运用"训练。因此,强调对语文"课程性质"的确切重视,应该是所有语文教师的首要认识。

二是建立"任务"意识,改变教学方法,设计"学习任务",关注学生的"实践活动",是语文教师提升教学能力、向语文新课标的新要求走近的首选。

这就需要我们痛改一些陈旧的教学习惯:改变课中碎问太多、繁琐解析课文、学生集体训练几乎不进行的习惯,改变课堂教学活动形式单一的习惯,改变教学板块不清晰、训练视点欠集中、训练活动不成形的习惯,改变不设置学生学习任务、不引领学生进行课堂实践的习惯,改变不关注单元训练要求和课后训练题的习惯等。

语文新课标的颁布,给我们带来了更加美好的教学前景。新课标背景下的语文学科的教学,要求我们细致、深刻地了解课标要求,提升教学理念,提高专业水平和教学能力,增厚知识背景,强化"任务"意识,探究与尝试有利于学生的更多的"实践"活动形式,尽快熟悉诸如"跨学科学习""思辨性阅读""创设丰富多样的学习情境""学习跨媒介阅读与运用"等新内容和新要求,创新与运用以学生综合素养为训练目标的新的教学方法,真正做到教书育人、立德树人。

有效的教学设计与教学,要求我们贯彻语文新课标高层次的教育与教学理念。

2. 遵循统编初中语文教材的科学性进行教学

为什么要研究"遵循统编初中语文教材的科学性"这个问题?

因为这套教材是历来语文教材中编写水平最高的,其整体的安排也极具科学性,非常有利于学生核心素养的培育与形成。

看看整套教材中的训练系统的安排。

第一,统编初中语文教材共六册,每册六个单元,共有36个人文主题。

七上:四季美景、至爱亲情、学习生活、人生之舟、动物与人、想象之翼。七下:群星闪耀、家国情怀、凡人小事、修身正己、生活哲理、科幻探险。八上:社会变化、生活记忆、美景依然、情感哲思、文明印迹、情操志趣。八下:民风民俗、科技之光、养性怡情、思想光芒、江山多娇、情趣理趣。九上:自然之音、砥砺思想、游目骋怀、青春年少、理想信念、人物百态。九下:生活咏叹、人物画廊、家国之思、读书鉴赏、舞台人生、浩然正气。

这套教材单元设计布局周密,博大宽厚。采用"双线组元"的思路进行编写,每个单元既有"人文主题",又有"语文要素"。"人文主题"方面,重视选文的经典,关注发挥语文学科思想情感教育的优势;"语文要素"方面,重视学生学习方法和基本能力的训练,并穿插、渗透必要的语文知识。可谓体系完美,覆盖周全,视野开阔,内容丰厚,训练目标清晰;各个年级、各个单元的教学重点明确。

第二,统编初中语文教材,阅读能力训练的层次非常明晰。

七上、七下共12个单元的训练点:(1)学习朗读,揣摩和品味语言,体会比喻和拟人等修辞手法的表达效果。(2)重视朗读,整体感知课文内容,从字里行间细细品味作品的思想感情。(3)学习默读,重点关注文章的标题、开头、结尾及文段中的关键语句。（4）学会通过划分段落层次、抓关键词句等方法，理清作者思路。（5）学会勾画文章的重要语句或段落，学做摘录，学会概括文章的中心。（6）学习快速阅读，发挥联想和想象，把握文章思路，深入理解课文。（7）学习精读，字斟句酌，揣摩品味语言的含义和表达的妙处，透过细节描写，把握人物特征。（8）注重涵泳品味，把握课文的抒情方式，学做批注。（9）注重熟读精思，从标题、详略安排、角度选择等方面把握文章重点，学会发现文章的关键语句，感受文章的意蕴。（10）学习略读，快速捕捉阅读重点。（11）学习比较阅读，学习托物言志的手法，体会如何运用生动形象的语言写景状物。（12）学习浏览，迅速提取文章的主要信息，并有所思考和质疑。

八上、八下共12个单元的训练点：（1）阅读新闻类文章，把握不同新闻体裁的特点，学习阅读新闻的方法。（2）阅读回忆性散文和传记类文章，学习刻画人物的方法，品味风格多样的语言，提高文学鉴赏能力。（3）学习歌咏山水的古诗文，反复诵读，体味情怀，积累常见文言实词和虚词。（4）了解不同类型散文的特点，品味、欣赏语言，体会情思，培养审美情趣。（5）阅读建筑、园林、绘画艺术方面的说明文，把握说明对象的特征，了解说明方法，体味说明文的语言特点。（6）学习表现人物的品格与志趣的古诗文，多读熟读，积累常见的文言词语和名言警句。（7）学习有关风情民俗的课文，体会多种表达方式的综合运用，品味作品中富于表现力的语言。（8）阅读事理说明文，理清顺序，筛选信息，学习分析推理的基本方法。（9）阅读记事、记游、状物、抒情内容的古诗文，反复诵读，品味语言，积累文言词语。（10）学习演讲词，把握其特点，进行模拟演讲。（11）学习游记类文章，了解其特点，把握写景的角度与方法，品味语言，欣赏、积累精彩语句。（12）学习表现古人哲思和情怀的古诗文，培养文言语感，积累常用文言词语和句式，欣赏精彩语句，学习论事说理的技巧。

九上、九下共12个单元的训练点：（1）学习现代诗歌，独立品味，把握意蕴，体会诗歌的艺术魅力。（2）学习阅读议论文，区分观点和材料，理清论证思路，学习论证方法。（3）阅读写景抒情类古诗文，积累文言实词和名言警句，体会文言虚词的作用。（4）学习小说阅读，梳理小说情节，分析人物形象，理解小说主题。（5）学习议论性文章，把握观点，分析材料，理解观点与材料之间的联系，掌握论证的方法。（6）学习古代经典白话小说片段，抓住线索，梳理情节，把握人物形象，了解作品的艺术特点。（7）学习不同类型的诗歌，感受韵律，把握意象，体味情感，理解诗中蕴含的哲理。（8）阅读小说，梳理情节，分析人物形象，欣赏语言，理解小说的社会意义和多样化的风格。（9）学习古诗文中的传统名篇，增加文言语感，积累词语，把握诗、文的意蕴，审视作品的当代意义。（10）学习文艺类论文作品，了解观点，学习思辨的方法，学习运用文艺欣赏的方法。（11）学习阅读剧本，把握戏剧冲突，梳理主要情节，理解人物形象，品味戏剧台词。（12）阅读反映古人政治、军事生活的古诗文，熟读成诵，积累文言词语，理解词语古今意义的差异，摘抄精彩句段。

梳理整合一下，我们可以发现：

1. 七年级阅读能力的训练重点是：具有普遍意义的阅读方法与阅读策略。如学习朗读，学习默读，学会圈点勾画，学做摘录，学习速读，学习精读，学做批注，学习略读，学习浏览等。

2. 八年级阅读能力的训练重点是：培养训练学生的实用文阅读能力。除了古诗文之外，有新闻类文章、不同类型的散文、建筑园林类说明文、事理说明文、演讲词、游记类文章的阅读训练。

3. 九年级阅读能力的训练重点是：集中突现诗歌、小说、戏剧等文学作品的阅读训练，交叉安排议论文的阅读。如现代诗歌、议论文、小说、诗歌、剧本等。

4. 从七年级到九年级，阅读能力的训练点丰富细密，且难度层次非常明晰：由浅而深，由易而难，由方法而能力；由阅读方法、实用文阅读到文学作品的阅读，循序渐进，逐步提升，真正体现出训练的严密性与科学性。

所以我们要遵循教材编写的科学性进行教学，从七年级到九年级，在步步夯实之中拾级而上，在科学体系的训练之中全面落实对学生的阅读训练。

第三，统编初中语文教材精心安排了写作训练，从七年级到九年级，安排了36次作文训练。

七上：热爱生活，热爱写作；学会记事；写人要抓住特点；思路要清晰；如何突出中心；发挥联想和想象。

七下：写出人物的精神，学习抒情，抓住细节，怎样选材，文从字顺，语言简明。

八上：新闻写作，学写传记，学习描写景物，语言要连贯，说明事物要抓住特征，表达要得体。

八下：学习仿写，掌握说明的顺序，学写读后感，撰写演讲稿，学写游记，学写故事。

九上：尝试创作，观点要明确，议论要言之有据，学习缩写，论证要合理，学习改写。

九下：学习扩写，审题立意，布局谋篇，修改润色，演出与评议，有创意地表达。

这是初中语文教材中最科学、最系统、资料最完备的作文训练安排，对于学生的作文技能和水平的提高有着重要的训练意义。

第四，观察统编初中语文教材中的 36 个写作训练点，进行分类整合，能够发现其内在的训练类型。

表达方式训练：学会记事、学习抒情、学习描写景物。

实用表达训练：新闻写作、学写传记、学写读后感、撰写演讲稿、学写游记、学写故事、演出与评议。

文体写作训练：写人要抓住特点、写出人物的精神、说明事物要抓住特征、掌握说明的顺序、观点要明确、议论要言之有据、论证要合理。

语言表达训练：文从字顺、语言简明、语言要连贯、表达要得体。

写作思维训练：学习仿写、学习缩写、学习改写、学习扩写。

基本技能训练：思路要清晰、如何突出中心、发挥联想和想象、抓住细节、怎样选材、审题立意、布局谋篇、修改润色。

特别项目训练：热爱生活，热爱写作；尝试创作；有创意地表达。

可以看出，统编教材的作文训练体系基本上是合理的，在作文训练体系的建立上迈出了很大的一步。所以，从整体上把握教材中的作文训练要求，于每位教师都有重要意义：全局在胸，细部到位；彼此关联，相互渗透；前后照应，逐步提升，于教学大有好处。

在此基础上，我们还要关注统编教材中的四个"活动·探究"学习单元的学生写作指导。

八上新闻单元：学生的新闻写作分为三类任务——必做任务，每位同学写一则新闻；自选任务，撰写新闻特写或通讯；拓展任务，整理班、组的新闻作品，编辑制作成报纸或新闻网页。

八下演讲单元：在把握演讲稿特点的基础上，学习演讲稿的写法，自己撰写一篇演讲稿。不少于600字。

九上诗歌单元：尝试创作——自拟题目，参照《怎样写诗》的"技巧点拨"，创作一首诗，可以发挥想象，借助一些意象，表达你的情思。

九下戏剧单元：自由写作——结合演出情况，自选话题，写一篇作文。

以上四个单元的写作训练，从知识背景、个人实践与写作指导方面，都对一线语文教师提出了很高的专业素养方面的要求。

第五，统编初中语文教材在编写、指导用语的风格上有巨大的变化，文气充沛，大量使用书面语和术语。

下面是七下教材中的一些编辑用语，它们分别出现在单元导语、预习题、课后练习和阅读提示中。

七下教材中的"术语"：细节描写，故事情节，直接抒情，间接抒情，借景抒情，托物言志，写景状物，铺陈排比，烘托，称谓语，文章起笔，叙事诗，传记文学，传奇，科幻小说，第一人称口吻，画面感，韵律美，制造悬念，埋下伏笔，误会，一波三折，象征，暗写……

七下教材中的"指导语"：精读，通览，略读，简要分析，涵泳品味，扫视文段，提取信息，把握关键词句，揣摩品味含义，体味表达的妙处，体会语言的表现力，找出评价性词语，说说其表达效果，体会作品情境，感受作者情怀，感受文章的意蕴，把握严谨的思路，说说语言风格的不同，体会词句蕴含的情感，解释其衍生的意义……

七下教材中的"评价语"：简洁精练，铿锵有力，直抒胸臆，精致凝练，富有诗意，别具一格，经典作品，刚健质朴，民歌特色，神奇色彩，生动传神，简洁风格，弦外之音，诗中有画，清新流畅，耐人寻味，抑扬错落，饶有趣味，含义丰富，寄寓情思，真情洋溢，想象奇特，构思巧妙，感人至深，意境悲凉，议论精警，幽默诙谐，意趣横生，饱含着感慨，蕴含着哲理的光彩，寄托着深意，出人意料又在情理之中……

这就启迪我们，使用统编语文教材，语文教师要关注课堂教学语言质量的提升，一要习惯于清新优雅的表达，做到层次清晰、简洁优美、自然圆润；二要习惯于知识性语言的自然表达，表现出知识内容丰富、评价语简明准确、阐释用语要言不烦、对学生指导的话语明确清晰的特点。

第六，统编初中语文教材，还有一些明显的特点。

1. 关注"三位一体"的综合训练力量。教材中有教读课文、自读课文，格外注重向课外阅读延伸。

2. 落实知识教育，知识渗透自然得体。将中小学生必须学习、掌握的上百个知识点，按照梯度，镶嵌、安排在各个年级、各个单元的教学中。

3. 关注学生的自主学习。从八上起，每册教材中都安排了一个"活动·探究"单元。

4. 突现了文学教育的比重。从文体特征看，不算古诗文在内，教材中现代文学作品大约有 80 篇。

以上简略介绍的内容，已经充分地表现出统编初中语文教材训练体系的博大深厚。

这种经过反复提炼并周密安排的训练体系，表现出覆盖周全、循序渐进、细节到位、角度丰富的特点，表现出在训练的科学性方面的着力突破。遵照其训练内容的安排并进行真正的落实，我们的学生在初中阶段的课文阅读训练中就能得到立体的综合性很强的阅读技能训练。有的人不研究统编教材编写的科学性，不探究单元之间的逻辑关联以及其中的丰富内涵，对教材进行所谓的单元重组，其实谈不上什么"创新"，耗时费力，基本上仍然是"就课文教课文"的浅层教学思维的表现。

像这样整体而详尽地知晓了教材中的阅读训练要点、作文训练要求及细节性的特别内容之后，每位语文教师才能感受到教学中的压力与钻研教学的动力——我能够胜任如此丰富而有难度的语文教学任务吗？

统编初中语文教材，读写训练的大本营。它的科学，它的美好，它的丰厚，为我们的有效教学提供了无比丰美的资源。

3. 有效阅读教学需要把握的六个"关注"

正确的教学理念，能点示教学规律，启示思维方式，指点操作要领，提出做法要求；能让我们在教学研究与教学上少走弯路，多走直路，比较快地到达教育教学的理想境界。比如：

关于语文教师如何练好教学基本功的理念：精于赏析课文，提取教学资源，设计实践活动，运用板块思路，学会主问题设计。

关于语文教师如何优化课堂教学技能的要求：坚持利用课文，克制碎问碎答，减少平俗手法，丰富活动形式，提高语言质量。

关于简洁高效地进行课堂教学研究的两个方面的"深化"：深化对教材精致利用的研究，深化对学生活动设计的研究。

关于语文新课标背景下课堂教学最重要的关注点：注重"学生学习任务"的设置，注重"学生实践活动"的安排。

……

这些美好的理念，虽言简意赅，的确有提醒、警示、启迪、指导的作用。

从日常课堂阅读教学来看，我们最需要把握的基本理念是六个"关注"。

一、课堂阅读教学要"关注语言学用"

关注语言学用，即关注学生的语言学用训练，这是语文教学中最需要关注的头等大事。第一，它关系着语文的"课程性质"，语文课程是一门学习国家通用语言文字运用的综合性、实践性课程。这是其本质的特点。因此，语文课堂，首先是语言学用的课堂，是语言的积累、感悟、品析和运用的课堂，不突出这一点，就忽略了语文课的基本训练要求。第二，它关系着学生语文核心素养的形成，学生如果离开了语言学用的训练，那么文化自信、思维能力、审美创造等方面的核心素养将难以形成。

课堂教学中，关注语言学用训练的主要措施是增加课堂中语言训练的内容比例与时间比例，大力减少繁琐分析的内容。于是，非常多的训练内容都可以在一定的教学情境中有创意地进行。如认字识词、字形书写、词义理解、字词辨析、分类积累、用词写话、短语识记、美句摘抄、句式学用、文句背诵、句段仿写、课文朗读、文意概说、文章读背、故事复述、道理阐释、说话练习、口头作文、评点批注、文中集美、古文译写、改写缩写、赏析短文、人物评价、新闻写作、模拟演讲、戏剧微评以及设计创新的语言学用课型等。学生在这样的训练过程中既解读了课文内容，又习练了语言，发展了语言能力，获得了审美感受。我们切不可随意地指责这是"工具性"，语文课程的本质特点是不容亵渎的。

二、课堂阅读教学要"关注技能训练"

技能训练长期没有能够真正地进入语文的阅读课堂，甚至还有人以为"技能训练"这四个字不是对中小学生而言的，所以大多数的语文阅读课堂都只是在用提问的方式完成对课文的肤浅解读。

所谓"基本技能训练"，就语文阅读教学来说，主要就是训练学生能够终身受用的阅读分析、品评鉴赏的能力，唯此才能达到"教是为了不教"的境界。

阅读技能训练，关注学生的阅读能力的训练与思维品质的提升。这个训练范畴所包含的内容十分丰富。比如，对学生提取关键语句、品析修辞手法、解说字词句的表现力、品味有关内容的表达作用与表达效果、阐释文中段与段之间的关系、厘清观点与例证的关系、借助工具书阅读浅易文言诗文等能力的训练；对学生的精读、略读、默读、速读、浏览、鉴赏能力的训练；对学生进行记叙文、说明文、议论文、小说、散文、诗歌、童话、寓言、故事、古诗文、整本书阅读的能力训练；对学生进行文意概括、段意分析、结构层次划分、表现手法欣赏、人物形象评说、语言风格赏析、对比阅读、文学作品鉴赏等高层次阅读能力的训练。这些都需要我们精心设计学生的课堂实践活动，遵照课文本身的训练要求，进行持久而细致的训练，这样才能真正让学生习得多种阅读方法，并具备独立阅读的能力。

三、课堂阅读教学要"关注知识渗透"

统编教材从两个方面提醒我们要改变旧的教学视点与教学习惯，提高知识教学的质量。第一个方面是将知识教学的内容明确地点示出来，作为一种教学要求融入阅读训练之中，如《驿路梨花》的课后"思考探究"题：本文构思巧妙，层层设置悬念和误会，使故事情节一波三折。结合课文内容分析这种写法，说说其表达效果。如《太空一日》的"阅读提示"中点示：这篇小说想象奇特，构思巧妙，尤其善于制造悬念，文中多处埋下伏笔……第二个方面是整套教材的编辑语言发生了深刻的变化，大量运用书面语和知识性术语。即使是自读课文的"阅读提示"，几乎每一篇都是文学语言精华。如课文《列夫·托尔斯泰》的阅读提示语：

文章前半部分极力描写托尔斯泰平凡甚至"粗劣"的长相。作者极尽铺陈，步步蓄势，甚至用"刻薄"的语言，来"调侃"托尔斯泰的外貌。后半部分笔锋一转，透过托尔斯泰的眼睛，展示出他"天才灵魂"的深邃、伟大，字里行间洋溢着仰慕、崇敬之情。这种欲扬先抑的手法，使全文形成一种巨大的反差，带给读者强烈的震撼。阅读时要仔细体会这一写作特点。

作者驰骋想象，大量运用比喻和夸张；文章语言典雅优美，文气酣畅。对一些精彩的语句，可以反复诵读，细细品味。

有兴趣的同学，可以课外阅读《托尔斯泰》全文或《三作家》全书，还可进一步阅读茨威格的《三大师》，走进伟大作家的内心世界。

可以说，在阅读教学中顺势进行知识教育，是统编教材的一种类似于"指令"的要求，需要语文教师提高文章阅读与鉴赏水平，提升自己课堂语言的表达质量。

四、课堂阅读教学要"关注审美教育"

早在 2015 年，国务院办公厅就以"国办发〔2015〕71 号"文件发布了《关于全面加强和改进学校美育工作的意见》。语文新课标提出的核心素养中，"审美创造"就是其中的一个方面。所以我们在教学中要让学生享受审美乐趣，提升审美素养。

有审美意味的课堂阅读教学，需要表现出以下美感。

（1）教学结构的美感。思路清晰，层次清楚，顺序自然，灵巧有序。（2）教学环节的美感。有简洁的导入，有厚实的铺垫，有落实的训练，有简洁的过渡，有精致的收束。（3）活动设计的美感。精心安排学生的字词认读活动、诗文朗读活动、当堂背诵活动、速读默读活动、自读自讲活动、品析欣赏活动、微文写作活动、自由发现活动、专项探究活动、文学鉴赏活动等；每个课的训练过程，都应该是不同内容、不同形式活动的精致组合。（4）教学细节的美感。动静相宜，繁简有致，学生实践活动的角度细腻，特别是有品位高雅的朗读体味、妙点揣摩、美点赏析、课中微写、文学欣赏等活动。（5）教师语言表达的美感。简洁，明了，准确，雅致；精于指导，富于情致；能表现出教师的专业水平和学问背景。

五、课堂阅读教学要"关注教学标高"

关注教学标高，就是关注教学的难度，特别是要关注课文本身所设置的训练难度。如《白杨礼赞》的教学，需要落实如下五项"规定"的内容：引导学生通过反复朗读，把握文字当中蕴含的激情与豪情，在此基础上，能够利用语言标志（反复出现的词句）理清文章的总体脉络；理解烘托、对比、欲扬先抑等写作技巧的表达效果；学习象征手法的使用，把握托物言志散文的基本特点；知晓"宕开一笔"的表达作用与表达效果；背诵6—8段。只有落实了这五项训练任务，才能说遵循了课文的训练意图，达到了教学要求。

统编教材的备课与教学，不可置课文本身所预设的训练项目与教学难度于不顾，不可自以为是，不可随心所欲，更不可南辕北辙。

六、课堂阅读教学要"关注集体训练"

关注集体训练，即教学与训练要面向全体学生，作为班级教学而言，则是面向全班学生。这样的教学理念，表现出三个方面的科学性：第一，尊重了所有学生的学习权益；第二，课中比较重要的阅读训练活动是所有学生都需要参与的活动，学生的受益面最大，教学效果也最好；第三，减少了零碎的个体活动，课堂教学过程纯美高雅，节省了教师课中碎问碎答所消耗的大量时间，使课堂上每位学生的可支配时间更加充裕。

集体训练，就是安排所有学生有一定时间长度与思考力度的教学训练活动。这些活动是每一位学生都要亲身参与的语言积累、课文读背、独立思考、圈点批注、课堂笔记、课中写作的活动，这些活动是每一位学生都要动脑、动口、动笔的活动，其最重要的特点是，在同一个时间段内，每位学生都自奋其力，都在做与自身素养提升有关的事，而不是像有的地方盛行的那种表象热闹、其实损害中等生与后进生课堂学习利益的频繁的"小组合作"模式。

如果要说语文教师到底如何上好语文阅读课，那就是：反复研读课文，提取教学资源，拥有清晰思路，安排学生活动，关注语言学用，关注技能训练，关注知识积累，关注审美教育，关注教学标高，关注集体活动。

有了科学的正确的教学理念，就有了良好的教学思维与教学习惯，高效的阅读教学对于一线教师而言，就不再是空中楼阁。

4. 好课设计的八字诀

设计好课,是每一位语文教师的追求。

好课,是遵循课标精神和有关具体要求的课,是充分利用教材、突现语言学用训练的课,是关注读写技能训练并特别关注精读训练的课,是学生实践活动充分、知识积累丰富的课,是讲求课堂教学效率、着眼于学生集体训练的课。好课没有统一模式,好课不需要口号标榜,好课特别依凭于教师正确的教学理念与一定的教学实力。

下面是我从无数优质的教学设计中提炼出来的好课设计的八字诀。

一、好课的设计讲究"实"

1.落实课堂实践活动的设计。课堂实践活动,是学生学习语言、训练能力的活动。课堂教学要让每位学生都要进入"多思多读多写"的训练情境中,要在大量的实践活动中增加学生知识、训练学生能力、激发学生兴趣、养成学生气质。

2.落实学生集体训练的时间。集体训练是学生受益面最大的训练,只有将大量的训练时间放到所有学生身上的教学才是效率最高、效果最好的教学。比如,静读、深思、圈画、评点、读背、动笔等活动,都要追求学生"人人参与"的效果。

3.落实语言学用的教学。这是阅读教学中最本色最本质的学习内容。生字、雅词、成语、句式、段式、短文、诗词……一定要充分地学用、记背。语言学用训练应该是每一篇课文、每一节语文课中学习与训练的重点。

4.落实精读美读的训练。这同样是阅读教学中最本色最本质的学习内容，阅读教学的重中之重，即利用课文、利用精段、利用课文文句，对学生进行朗读能力、概括能力、分析能力、赏析能力、口头与笔头的阐释能力及讲述能力的训练。

5.落实文体教学的特点。特别注意酝酿文学作品教学的高雅氛围，关注文学术语、文学欣赏语言的渗透以及优美语言、优美技法、优美知识的学用。

6.落实对教师课堂教学危害最大弱点的克制。如，就课文教课文、缺少课堂活动的设计、低端的碎问碎答的教学方法等。如此能大大提高教材的利用率，大大提高课堂教学时间的利用率。

二、好课的设计讲究"新"

努力运用新的理念、新的课型、新的创意、新的教材处理方式、新的教学思路、新的提问角度、新的语言教学方法、学生活动的新的形式、新的测评手法……

教学创新的实践，能够除旧布新，让我们的课堂教学有效、有趣、有味、有美。

求新，更是年轻的语文教师在入职之后重要的自我训练项目。

语文教师的专业素养，需要在不断地对"新"的追求中得到提升。

新的有高度的课堂教学理念：让学生在充分的实践活动中学习运用语文的规律，提高语文的素养。

新的有难度的教材运用理念：提取整合课文教学资源，利用课文资源设计学生的训练活动。

新的有力度的教学要领：逐步摒弃以解析课文为主要内容的教学，逐步代之以语言学用教学和技能训练为目的的教学。

新的有美度的教学技法：用"板块式"思路形成课堂上舒展大方、变化有致的教学活动，用"主问题"设计形成学生深入思考、纵横连贯的研读过程。

新的角度精致的教学尝试：减少课文解析教学的时间，增加语言训练的分量；降低课堂上单个学生发言的次数，提高集体训练的时间比例。

在务实的创新的教学设计中，无数新颖的创意火花可以出现在我们的案前：一文两上，一课多案，一次双篇，一段N练，一线串珠，一词经纬，一组词概说人物，一句话评说故事，一段话微文写作……教材、课文在我们的眼中和手中，变成了美好生动的课堂教学活动园地。

三、好课的设计讲究"美"

语文教学，不论是从育人方面，还是从知能训练方面，都需要进行审美的教育。

语文教学设计与教学中的美，需要我们注意五个方面的基本内容。

1. 整个课的教学结构之美。思路清晰，层次明显，有简洁的导入，有精致的收束，有灵巧的过渡。

2. 课中活动的设置之美。活动安排的"标识"简明，活动的类型巧于变化。

3. 文体教学的特点之美。不用习惯性的教学推进方法或统一的俗套模式应对不同文体文章的教学。要非常注意文学作品教学中美感的显现，对于不同文体特征的作品教学，要注意配之以教学手法的适当变化。

4. 教学活动的细节之美。动静相宜，繁简有致，学生实践活动的角度细腻，活动的形式优美生动；教师与学生的对话简洁准确；少无端煽情，少号召鼓掌，少过分夸赞，少故作诙谐。

5. 教师语言的表达之美。简洁，明了，准确，雅致；精于指导，富于情致；能够表现教师的专业水平，能够表现语文教师的学问背景；少有重复，少有啰唆，少有平俗，少有矫情做作的腔调。

四、好课的设计讲究"活"

活用教材，灵活运用教学策略，设计丰富多彩的教学活动。

在好课的设计上，我们可从三个方面进行思考与实践，从而提高教学创意的水平。

创造性地使用教材，让教学的创意别开生面

教材的运用研究、课文的运用研究，于我们而言，基本上是空白。千万不要认为，课文就只是用来进行阅读教学的，也千万不要认为，教阅读就是教课文文本的内容。只有打开了课文用法研究的视野，才有可能创造性地使用教材。

请看课文的用法，是何等地摇曳生姿：

培养一般的阅读分析能力，训练特别的阅读技法，让学生有丰厚的语言文字积累，进行语文知识的渗透式教育，进行思想情感的熏陶感染，训练学生各种不同的学习方法，锻炼学生的思维能力，培养与训练学生的欣赏能力，作为朗读训练的材料，作为读写结合教学的资料，作为片段作文的写作模式，作为作文构思的习练模式，视为专题阅读的复习材料和单元复习材料，处理成趣味语文活动的材料，就地取材为阅读练习的编写材料，精选为综合性学习的辅助资料等，还可以用作微型话题研究材料、说话训练材料、课本剧编写材料、专题性文学欣赏的材料等。

有了教材、课文用法研究的"活"，才有教学的"活"。

灵活运用教学策略，让教学过程手法生动

策略，是方式方法的集合。灵活运用教学策略，指的是在教学中要运用多种多样的生动有效的教学手法。教学手法的研究，基本上也是迟迟没有进入广大语文教师的视线。同样地，我们千万不要让"碎问式教学""聊天式教学"成为桎梏我们教学创造性的终身的坏习惯。教学方法的世界是那样优美有趣、诗意盎然：厚重的背景资料的介绍、字词认读教学的分类推进、多角度课文概说、选点精读训练、课中微型写作指导、美点寻踪式细读欣赏、专题的文学欣赏指导、课文集美的趣味活动、教师的诗意讲析……常常带给我们"柳暗花明又一村"的美感。

精心设计教学活动，让训练内容灵动鲜活

课堂教学的生命线是学生的实践活动，课堂教学的灵魂是学生的丰富积累。课堂阅读训练有活动，一般不要只为解析课文内容着想而要多为学生的训练活动着想。认读、朗读、析读、品读、比读、寻读、写读、译读、听读、背读等活动都可以在课堂上有效整合、相映成趣。

五、好课的设计讲究"丰"

高效的课堂教学，需要有容量，即教学的内容要丰富、丰厚。

养成在教学设计中关注"内容丰厚"的习惯，不仅对学生的学习收获大有好处，而且对教师综合素养的提升有重要作用——使教师多研究教材的用法，多想方法设计精到的活动等。

让课堂教学的容量丰厚起来，方法与途径还是比较多的。

如，更好地发掘课文本身的教学资源，对课文或课文片段进行多角度的反复利用，形成线条丰富的课堂训练活动。

如，运用联读、比读等扩展阅读的手法，利用教材之内或之外的教学资源，增加篇幅较短或内容简单易懂的课文教学的容量。

如，增加课文知识教学的密度，密度的增加相当于容量的增加。教师在教学之中，顺势渗透知识教育，是一种教学技巧，也是教学有实力的表现。

有了这样的教学思维，教学的密度、厚度不言而喻。

六、好课的设计讲究"巧"

教学设计中的巧妙，是一个广阔无垠的艺术天地，无可穷尽；教学设计中的巧妙，是教者教学素养、教学积淀的综合体现；教学设计中的巧妙，需要我们在追求高效课堂教学的大背景中去进行艰苦的探索。

在好课的设计中考虑"巧"，主要目的就是显现教学智慧，教师教得有味，学生学得有效，巧教巧学，美不胜收。

1."板块式思路"是巧。它简洁明了，逐层推进，其教学魅力就是消灭碎问，每个板块的活动对学生来说都是一次有力度的训练。

2."主问题设计"是巧。它有一定的教学牵引力，一次设问、一项任务、一个话题就能让学生深深进入课文的品读训练，并充分、有序地活动起来。

3."多角度反复"是巧。它能够让教师对一篇短文、一首小诗进行整体的利用，从不同的角度设计课文朗读、语言学用、词句品析、手法欣赏的课堂训练活动。

4."长文短教"是巧。它表现出教师的教材利用意识与教材处理的能力，在文意把握的前提下巧妙切入，扣住课文或美点或难点或特点或疑点，组织起有效的训练活动。

5."浅文深教"是巧。它能有效地避免课文浅易、人人都懂的弱点，代之以有思维的深度、有知识的美度、有技能训练难度的训练活动，同样让学生经受历练。

6."美文美教"是巧。利用课文之美，进行审美教育。美美地听，美美地读，美美地品，美美地说，美美地写，美美地记。

7."选点精读"是巧。它精选教学内容，缩小范围，集中视点，或就课文中的一个部位进行深入的品读欣赏，或就课文的某项知识内容、手法内容进行深入的研读体味。

8."一课多篇"是巧。或是课文联读，或是双篇比读，或是诗歌串读，或是一文为主、多文映衬，从而增加教学的内容，丰富课堂的容量。

9."专题欣赏"是巧。利用文学作品类课文特别是小说作品，设置专题赏析的话题，有目的地引导学生赏析作品中的人物美、情节美、语言美、手法美。

10."微文写作"是巧。课堂动笔，人人静写；句式学用，段式学用，课文概写，变文为诗，人物素描，画面描写，扩写补写；读写结合，语言学用，灵动思维。

11."课中集美"是巧。指导学生提取整合全文的关键句以把握文意，撷取文中的美句组合成全新章法与内容的精短微文，课堂上有创造的快乐，有积累的收获。

12."穿插引进"是巧。随着教学进程的推进，有选择地穿插词语卡片、作者语录、语文知识、微型故事、精短诗歌、补充资料等，使之相互照应，有节奏地出现，增加教学中特别的美感。

13."角色演读"是巧。或诗或文，或全文或片段，设计出分角色朗读的蓝本，师生共读或由学生朗读吟诵，表现出朗读活动的内容美、形式美、氛围美。

14."顺势渗透"是巧。任何文体的课文教学，都可以在阅读活动中顺势给学生点拨有关的语文知识，特别是与学生对话中的术语的恰当运用，更能给教师的语言增添雅气。

15."精要讲析"是巧。在教学活动收束之时，在教学板块过渡之中，教师就学生的讨论或教学的内容进行要点明晰的课中讲析乃至课中微型讲座，使学生有更为丰厚的学习收获。

16."学法实践"是巧。减少课中碎问，将成块的教学时间用于所有学生提取关键语句、进行课文评点、精读略读浏览、运用表格分析、归纳语言特色等学法实践活动。

17."创新课型"是巧。为学生发展的需要而大力进行课型创新，如语言学用课、专项能力训练课、专题文学欣赏课、读文心得交流课、名作重读课、课文作文课以及单元多课型组合等。

在有深研课文能力的教师的眼中和手中，教学中的资源取之不尽；同样，在有创新意识的教师的眼中和手中，教学设计与教学之中的"巧"层出不穷、熠熠生辉。

教学中的巧，不是花样手法，所有巧妙的教学设计，出发点仍然是——实。

七、好课的设计讲究"趣"

课堂教学中的"趣"，是为了激发学生的学习兴趣，增加课堂学习的意趣，培养学生的审美情趣，让学生享受到学习过程中的审美乐趣。

课堂之趣，是雅趣不是俗趣，不是为了所谓的"趣"而着意撩拨、着力渲染等。

课堂之趣，是教学之趣，是思考之趣，是读写之趣，是发现之趣，是创新之趣。

好课的设计，趣，是必须考虑的一个因素，也是提升我们教学素养的一种历练要求。

有趣味、有情趣的教学活动的设计，方法、角度非常丰富。

趣读课文：《〈论语〉十二章》教学中，请同学们将"贤哉，回也"这一章与"饭疏食，饮水"这一章进行对比阅读。

趣学字词：《曹刿论战》的教学中，请同学们用"成语印证"法学习文中字词。

趣说训练：《小石潭记》文意把握练习，请用"小""石""潭""记"四个字分别概说课文内容。

趣味分析：将《记承天寺夜游》课文分为四个部分，然后对这四个部分各用四字短语进行评析。

趣味发现：品析《周亚夫军细柳》中最有表现力的一笔。

趣味写作：任取《假如生活欺骗了你》中的一个句子，以它为标题，写微型演讲稿。

趣味探究：《鱼我所欲也》中的"者""而""得""是""于""为"6个字，每个字的意义与用法都非常丰富。

教师趣味讲析：《孤独之旅》中暴风雨描写段里丰富的文学知识。

教学之趣的活动设计，需要教师有宽阔的知识背景、灵动的教学思维。

课堂教学之中的文趣、情趣、美趣、乐趣、意趣……都是与教学有关的雅趣。

八、好课的设计讲究"深"

课堂教学，往往是由浅入深的过程，要有浅显的内容，也一定要有深刻的内容；有易于把握的内容，也一定要有难度比较大的内容。

如果将教学视点习惯性地放在解读课文内容的层面上，放在让学生谈感受的层面上，放在教师零碎提问的技术层面上，那么教学的内容可能永远"深"不起来。

教学的内容缺乏深度，基本上就是浮于课文表面的教学，耗时而无效。

但教材、课文中的训练要求有时是很深的。缺乏有深度的教学，在教材的难度面前就没有招架之功。如下面所列统编教材七上中的若干课后训练题，都是给学生设置的，但大量的课堂教学连其难度的边沿都没有接触到。

《济南的冬天》：根据你的理解，标出课文第3段的重音与停连，并尝试朗读这一段。

《秋天的怀念》：朗读课文，体会作者的情感，说说文章为什么取题为《秋天的怀念》。

《散步》：本文以叙事为主，其中穿插了一些写景的语句，把它们找出来，品味这些景物描写的作用。

《从百草园到三味书屋》：你觉得鲁迅是带着怎样的感情来写本文和《朝花夕拾》中其他文章的？

《走一步，再走一步》：勾画出文中标志事件发展和描写"我"不同阶段心理活动的语句，试着复述这个故事。

《动物笑谈》：作者的语言诙谐风趣，有时还带着调侃的味道，阅读时注意体会这种幽默的效果。

……

这些要求思考与进行训练的话题，有的已经深到连语文教师都难以应对。它们大面积、高频率地出现，说明在教材编写者的眼中，这其实只是比较常规的教学内容，是理所当然地应该在课堂教学中落实到对学生的训练之中的。

那么，我们怎样才能让自己的课堂阅读教学有一点适当的深度呢？最起码要做到两点。

首先是提高自己对教材进行深读的能力与阐释的能力。如，能够赏析文章的章法特点，能够说清楚文章是如何展开的，能够准确分析段的层次结构，能够说明文章中段与段之间的联系，能够欣赏文章表现人物、叙说事件、描绘景物、说明事物的写作手法，能够品味文章设置线索、安排照应、处理详略、形成虚实、妙用修辞等表达技巧，能够简洁深入地阐释有关句段在文章中的表达作用，能够品析字词句的表达效果……

语文教师，只有自己有了深度阅读的能力与阐释的能力，才能让自己的教学也有一点训练的深度。不然的话，连《纪念白求恩》中"归纳各段内容要点，说说课文段落之间的关系"这样的练习题都会答不上来，哪里还能训练学生？

其次是提升教学理念，非常关注对学生的阅读分析、品析、赏析能力的训练并形成教学习惯。

下面我们来看看八上语文教材中《藤野先生》一文中的几个课后思考探究题：

1. 本文是一篇回忆性散文。看看文章记录了作者留学过程中的哪几件事，试为每件事拟一个小标题。

2. 阅读课文中作者与藤野先生交往的部分，说说为什么他"在我的眼里和心里是伟大的"。

3. 本文题为《藤野先生》，可是作者还用了大量篇幅写和藤野先生无关的见闻和感受，你认为写这些内容有什么作用？

这三个题，就教学深度而言，对我们是极好的提醒与启迪。

第一题，着眼于文意把握，训练学生概括文章要点的能力与语言表达的能力；第二题，将训练的视点引向课文内容的精读训练，对人物进行多角度的评价，对评价的道理进行有条理的阐释；第三题，是利用课文对学生进行难点解析的训练，此题难度很大，涉及作品的表达目的与表达技巧，涉及文章明线与暗线、文章的映衬手法等多方面的内容。

这就显现、表现了教学与训练中的"深"，这就对语文教师的阅读教学能力与素养提出了很高的要求。

为了学生语文素养的形成，我们需要在对教材训练标高的体味中，适当地保持课堂教学中的深度。

以上，就是每位语文教师要长期实践的"好课设计的八字诀"。

第二章 教材研读篇

本章导读

　　教材的深入研读，课文的精美赏析，教材与课文中读写教学资源的梳理、提取与整合，是任何有效教学设计的先行与前提。语文教师只有善于精读课文、美读课文，对任何课文都进行文学的赏析，才有可能高屋建瓴地、灵动多姿地用好课文，组织真正有效的课中训练活动。本章内容，重点例说了语文教师课文研读的若干技巧与方法，以供大家借鉴与参考。

1. 教材研读能力是教师教学能力的半壁江山

语文教师日常教学中的任务，基本上是在进行课文阅读教学，仅仅从这一点看，就足以表现出教材研读能力的重要。设若我们教材研读的能力比较弱，不善于利用课文中的教学资源来设计课中学习活动，那么，学生课堂上的语言学用训练、阅读分析训练、作品鉴赏训练、思维能力训练等核心训练内容就很可能难以坚持进行。事实上也是如此，课文解析式的低效教学在目前仍然是一种普遍的教学现象。

只有高强的教材研读能力才能确保教师利用课文资源进行教学，才能将课堂阅读教学的质量提升到让学生受到良好训练与获得丰富积累的层面。

基本的道理就是，教师教材研读的水平高，就有自己的深刻见解，就能够美读课文，欣赏到课文整体或局部的表达艺术；就能从读与写的角度发现课文中的有用资源；就能指导学生朗读、引导学生品析、设计学生的赏析活动、解决课文中的疑难问题；就知道如何科学、艺术地处理教材，将最有训练价值的内容用于学生学习任务的安排……

所以，在专业水平上，语文教师首先要关注自己教材研读能力的提升。

一、提升教材研读能力的方法

一位语文教师，要想提高自己教材、课文研读的能力，可以有选择地这样苦练本领：

1. 从宏观的层面分析、梳理全套初中语文教材中各个单元的训练目标与教学要点，理解单元与单元之间的教学关系，特别是彼此之间的承接、照应与逐层深化的内在联系。

2. 从"文体"的角度观察、分析全套教材中的记叙文、说明文、议论文、小说、散文以及其他文学类作品在不同年级中的教学要求、教学重点和教学难点。

3. 对全套教材中的古文、古诗进行或一篇一篇的、或一类一类的、或一个年级一个年级的阅读分析与鉴赏，力求对每一篇课文都有精到的理解，都能烂熟于心。

4. 从单元教学的角度对单元教学目标、单元教学重点、单元之中"教读"与"自读"课文的利用、单元内部课文的再组合等内容进行细致的探究。

5. 对单篇课文进行细读精读，进行品析鉴赏；体味课文的章法结构、语言特色、手法运用以及字、词、句、段等基本教学资源在教学中的利用价值。

6. 从读写结合的角度发现、归纳、提取关于作文构思规律、微文写作形式、段落写作方法、句式运用技巧等丰富资料，充分发挥教材在学生读写训练中的双重作用。

7. 运用横向联系的思维方式与操作手法，进行诸如生字、难词、短语、成语、名言、佳句、诗文背诵等专项语言资料的梳理、提取与整合，构建厚实的语言教学仓库。

8. 着力于文学欣赏，运用文学知识，对小说、散文、诗歌等文学作品课文进行深入的文学鉴赏，提高自己的赏析能力和审美眼光，从而提升文学作品的教学质量。

9. 对课文的单元导语、预习要求、教读课文的课后思考探究题、自读课文的批注文字和阅读提示、课外古诗词诵读的赏析文字等材料进行精心的揣摩，吸收其内含的各种知识，丰富自己的知识素养。

10. 认真观察课后练习中的难题，集中某册课文甚至全套教材中的难题进行深入的解答研究，从而扎实地夯实自己的教学指导能力。

11. 梳理某个"学习任务群"在整套教材中的各种"任务"。

12. 还可以从自己喜欢的或者特别有感觉的角度，进行细节性的微型话题研究，形成特有的收获与个性化的积累。

……

以上是多种极有牵引力的教材研读的角度，只要坚持就某个角度或某几个方面进行不懈的钻研，提高教学能力就是指日可待或自然而然的事了。

一位语文教师有了对教材的立体的、多角度的、多层面的由宏而微的透彻把握，就拥有了一种强大的教学背景，在他的背后，就是一个语文教学资源的世界。

二、教材研读能力应用列举

下面从八上第三单元古诗文阅读教学中列举几个教学细节的例子，以表明高水平的教材研读能力在教学中的重要性。

例一：《三峡》教学中对课文第 3 段的精读赏析

春冬之时，则素湍绿潭，回清倒影，绝巘多生怪柏，悬泉瀑布，飞漱其间，清荣峻茂，良多趣味。

活动：请同学们欣赏这一段文字的表达之美。

教师在课堂对话与小结中，关于这段文字，给学生点拨与讲析的内容有——

美在层次的清晰。先点明时令，写江水，再写山岩，最后总写一句，可谓景情交融。

美在景物的摄取。有山有水，有动有静，有声有色；作者"以点代面"，表现着三峡的雄奇秀美。

美在视角的变化。先从俯瞰的角度写"素湍绿潭"，再从仰视的角度写"悬泉瀑布"。

美在景物的映衬。清流回旋，高山矗立，怪柏展姿，飞瀑跌落。

美在语言的生动。"回""倒""飞""怪"几个字，写出了景物的形态之美。

美在文字的凝练。"清""荣""峻""茂"几个字，概括了不同景物的美感。

教师顺势宕开，继续点拨学生：

作者写景，采用的是大笔点染的手法。连绵的群山，雄伟的屏障，高峻的山峰，汹涌的江流，雪白的急流，碧绿的潭水，回旋的清波，美丽的倒影，苍翠的怪柏，飞悬的瀑布，哀转的猿鸣，悲凉的渔歌……文中画面连绵，展示着三峡的奇美景象。

如果教师对此段的表达艺术没有深透的赏析，就不可能出现以上如此优雅、丰美的教学内容。

例二：《野望》诗歌欣赏

野　　望

王　绩

东皋薄暮望，徙倚欲何依。
树树皆秋色，山山唯落晖。
牧人驱犊返，猎马带禽归。
相顾无相识，长歌怀采薇。

品析话题：诗句中的＿＿＿＿＿＿很重要。
学生赏析，师生对话，教师小结，学生做笔记：
"薄暮望"很重要。"秋色""落晖""牧人""猎马"，都是"薄暮望"之景。
"欲何依"很重要。诗中写诗人无"依"的情绪，由景及人，一直延续到"相顾无相识"。
"落晖"一词很重要，往前照应"薄暮"，往后照应"返"与"归"。
"长歌怀采薇"很重要，点睛之笔，借典抒情，情景交融。
全诗的表达艺术很重要，首尾两联抒情言事。中间两联写景，作者以情写景、借景言情。诗中所蕴含的不尽之意，使人们能够长久地咀嚼、回味。
教师顺势点示：
此诗是王绩的代表作，也是现存唐诗中最早的一首格律完整的五言律诗。它描写了作者隐居之地的清幽秋景，在闲逸的情调中，带着几分惆怅与孤寂。

如果教师对本诗诗联的表达之美缺少深美的品味，也不可能设计出"诗句中的_____很重要"的精美话题,也难以与学生进行诗味浓郁的对话。

例三:《使至塞上》教学创意——名句欣赏

使至塞上

王　维

单车欲问边,属国过居延。
征蓬出汉塞,归雁入胡天。
大漠孤烟直,长河落日圆。
萧关逢候骑,都护在燕然。

学习任务:千古名句欣赏——"大漠孤烟直,长河落日圆"审美赏析。

教师在教学小结中可以展现如下精美的内容,引导学生对此联进行审美感受:

写进入边塞后所看到的塞外奇特壮丽的风光,画面开阔,意境雄浑。

茫茫沙漠中典型的景物大漠孤烟、长河落日,构成了雄奇壮丽的画面。

静寂无声的构图,表现了边塞的广漠和荒凉、肃杀与空阔。

莽莽沙漠中烽烟直上,滔滔长河上落日缓缓;绘形绘神,意象奇异,凝练精美。

"直"字用得好,"圆"字用得好,写景之中融入了作者的感受,有抒情的意味。

……

教材研读能力是语文教师教学能力的半壁江山,无论我们执教多少年,都可以对教材"常用常新",教材、课文在我们面前永远是新颖的、资源无限的。

2. 概说语文教师课文研读的方法

课文研读，永远是语文教师的基本功。

课文研读，永远是语文教师教学工作中的难点。

课文研读，永远是语文教师难得持之以恒的阅读。

在教学界，没有得到创新的事物就是教师的课文研读。

多数语文教师的课文研读方式，还是常规的研读。

所谓"常规的研读"，就是教师自己对课文的阅读加上对教师教学用书中与课文有关内容的阅读。

大量的日常的阅读教学设计，都产生于这种肤浅的常规的研读。这种依凭于常规的研读而产生的教学设计，是课堂教学效率不高的重要原因之一。

一、课文研读的方法

绝大多数语文教师没有尝试过以下课文研读方法：

1. 提取课文中的"语言训练卡片"。
2. 对课文进行多角度概括，如用10个不同内容的句子概括课文《散步》。
3. 对课文进行"变形阅读"，如将《湖心亭看雪》变形为散文诗的形式。
4. 对课文进行"变体阅读"，如从议论文的角度阅读欣赏《被压扁的沙子》。
5. 用数字对课文进行别有创意的研读，如《孙权劝学》中的"两"。
6. 用"成语印证"的方法来理解文言课文，例如《曹刿论战》中字、词的意思。
7. 用小论文的方式解说课文的朗读技巧，如《〈卖炭翁〉朗读指导细说》。

8. 用非常多的学术论文支撑一篇课文的赏析，如与《孔乙己》有关的10篇学术论文。

9. 对人物进行多角度解说，如用20个不同内容的句子简说"中年闰土"。

10. 对作品进行多角度评点，如用若干个句子或四字短语评点《沁园春·雪》的表达艺术。

11. 用名家的经典语言对课文进行欣赏，如用梁衡关于"散文三美"的理论来解读《岳阳楼记》——景美，情美，哲理美。

12. 用"课中集美"的方式撷取课文语言的精华。

13. 对课文进行"课中比读"，如鲁迅《孔乙己》的课中比读、鲁迅《从百草园到三味书屋》的课中比读。

14. 将一篇课文读成几篇文章，如《我的"长生果"》中的两"篇"作文范文。

15. 用分析作文的方式读课文，如对《昆明的雨》的不同角度的"再表达"。

16. 读出一篇文章的不同视点的层次结构划分，如《荷塘月色》中的三种结构形式。

17. 用句段解说的方式读课文，如《水调歌头·明月几时有》的"句解"。

18. 用反复评点的方式阅读精短的文言课文，如《狼》的"四读四评"。

19. 用"课中之'最'"的方法课读文，如《故乡》的"课中之最"。

20. 用文学术语解读文学作品，如用丰富的"术语"（悬念、伏笔之类）解读《我的叔叔于勒》。

21. 用统计的方法读课文，如课文《邹忌讽齐王纳谏》中有多少次"三"？

22. 从句式、段式的角度解读课文，如《苏州园林》中的精美段式。

23. 把几乎没有能力训练价值的课文读成有能力训练价值的课文。

24. 读出课文的最特别之处，如人物个像描写最好的课文是《列夫·托尔斯泰》，死亡的描写细节最为丰富的课文是《伟大的悲剧》。

25. 从小学、初中到高中，读透某位作家的作品，如语文教材中的"苏轼作品解读"。

……

从日常教学的需求来讲，并不需要每一位语文教师都去实践上述多种多样的别出心裁的课文研读方法；但从教师教学业务素质的角度讲，每一位语文教师都有创新自己课文研读方法的义务。

创新课文研读的方法，能够激发教师的思维，焕发教师的精神，提升教师阅读课文的技巧，提高教师研读课文的水平。

一切的课文研读首先都服务于教学设计，归根结底还是为了提高课堂教学的质量，为了给学生更加优质的语文教育，语文教师没有理由不对课文研读的方式进行创新。

下面的一些课文研读的角度，是一线语文教师可以尝试、运用的：

1. 从研读中发现课文的教育教学价值。
2. 从"为什么好"的角度整体地反复品读文本。
3. 从研究教学处理的角度研读课文。
4. 从思考对学生进行赏析能力训练的角度研读课文。
5. 从读写结合训练的角度揣摩课文内容。
6. 从"文章结构欣赏"的角度精细地分析课文。
7. 对课文进行"选点品读""选点深读"。
8. 用"课文联读"的方式，从横向联系的角度采撷多篇课文中的美好。
9. 用小论文写作的方式带动课文研读。
10. 对课文的语言表达进行"专题研读"。
11. 用评点的方式读课文。

……

二、研读课文案例展示

下面介绍几个"别出心裁读课文"的例子，每个例子之后，都用"教学价值分析"点示其意义。

例一：《散步》的"选点精读"法

我们首先要欣赏的是《散步》中的这样一段话：

这南方的初春的田野！大块儿小块儿的新绿随意地铺着，有的浓，有的淡；树枝上的嫩芽儿也密了；田里的冬水也咕咕地起着水泡儿……这一切都使人想着一样东西——生命。

这段文字用简笔勾勒的手法描述春天田野的景色，全段分为两个层次，第一层写景，第二层抒情，前实后虚，虚实结合。

这段文字语句轻快，句式生动，写景有诗意，借新绿和嫩芽讴歌生命的活力，使人感到生命之美好，进一步渲染了散步时的欢乐。

新绿，嫩芽，冬水：写生命的复苏，增加了文章的美感，映衬着散步时一家人欢愉的心情。

这段文字既是一家三代人散步时的所见所感，也是散步的美妙背景，这里有春的气息的透露，显示出不可遏制的生机，是对生命的礼赞。

我们还要欣赏《散步》中这样两处对田野的描写：

我们在田野上散步：我，我的母亲，我的妻子和儿子。

她的眼睛顺小路望过去：那里有金色的菜花、两行整齐的桑树，尽头一口水波粼粼的鱼塘。

我们可以发现："这南方的初春的田野"这个描写段，实际上是与这两处的描写进行着前、后照应的。这种"前—中—后"的反复照应，既严密着文章的结构，表现着作者缜密的写作思维，又在反复之中表现出散步的美好氛围。

教学价值分析：这里的课文赏析撷取了课文中最美的描写内容，在教学中可以引导学生朗读、背诵、品析、仿写；还可以引导学生品味课文中一条美妙的线索，增加课文阅读中的审美趣味。

例二：《答谢中书书》的"变形阅读"法

课文原形：

答谢中书书

陶弘景

山川之美，古来共谈。高峰入云，清流见底。两岸石壁，五色交辉。青林翠竹，四时俱备。晓雾将歇，猿鸟乱鸣；夕日欲颓，沉鳞竞跃。实是欲界之仙都。自康乐以来，未复有能与其奇者。

课文的各种变形：

山川之美，古来共谈。高峰入云，清流见底。两岸石壁，五色交辉。青林翠竹，四时俱备。晓雾将歇，猿鸟乱鸣；夕日欲颓，沉鳞竞跃。

实是欲界之仙都。自康乐以来，未复有能与其奇者。

山川之美，古来共谈。
高峰入云，清流见底。
两岸石壁，五色交辉。青林翠竹，四时俱备。
晓雾将歇，猿鸟乱鸣；夕日欲颓，沉鳞竞跃。
实是欲界之仙都。自康乐以来，未复有能与其奇者。

山川之美，古来共谈。
高峰入云，清流见底。两岸石壁，五色交辉。青林翠竹，四时俱备。
晓雾将歇，猿鸟乱鸣；夕日欲颓，沉鳞竞跃。
实是欲界之仙都。自康乐以来，未复有能与其奇者。

山川之美，古来共谈。
高峰入云，清流见底。
两岸石壁，五色交辉。
青林翠竹，四时俱备。
晓雾将歇，猿鸟乱鸣。
夕日欲颓，沉鳞竞跃。
实是欲界之仙都。自康乐以来，未复有能与其奇者。

教学价值分析： 这样"变形阅读"的作用——第一，便于进行朗读训练；第二，可请同学们分析讨论这样"变形"的原因，用"趣教"的方式训练学生的阅读分析能力；第三，增加学生的阅读经验，习得一种有用的阅读方法。

例三：《中国人失掉自信力了吗》的"文中选文"法

从课文中创造性地"摘取"一篇微型立论的短文：

中国的脊梁

我们有并不失掉自信力的中国人在。

我们从古以来，就有埋头苦干的人，有拼命硬干的人，有为民请命的人，有舍身求法的人，……虽是等于为帝王将相作家谱的所谓"正史"，也往往掩不住他们的光耀，这就是中国的脊梁。

这一类的人们，就是现在也何尝少呢？他们有确信，不自欺；他们在前仆后继的战斗，不过一面总在被摧残，被抹杀，消灭于黑暗中，不能为大家所知道罢了。

说中国人失掉了自信力，用以指一部分人则可，倘若加于全体，那简直是诬蔑。

教学价值分析：我们视上面的内容为一"篇"微型立论的文章。它好在论点鲜明，论据确凿；好在有总有分，层次清晰；好在概说论据，内容丰满；好在词句生动，语言犀利；好在手法丰富，简练深刻；好在既是立论，更是驳论。

"我们有并不失掉自信力的中国人在"是全文的论点。"我们从古以来……"这一段，是"从古以来"方面的论据。"这一类的人们，就是现在也何尝少呢"这一段，是"现在"方面的论据。两个层面的论据按古今之序自然排列，合情合理。两个层面的论据都运用了"概述论据"的方法。最后一段是全文的结论，作者在论述之中表达情感，同时批驳对方。

这样的微文，于阅读于写作，都有实实在在的利用价值，同时增加了课文教学的趣味性。

3. 课文研读的六种基本角度

教材研究、课文研读的能力，是语文教师教学能力的半壁江山。特别是课文研读的能力，能够确保语文教师眼中有教学资源，胸中有教学创意。

语文教师进行课文研读，主要有六种基本角度。

一、整体反复式研读

整体反复式研读，即对一篇课文进行反复、多次、多遍的研读。这种课文研读的方法，是一切课文研读的基本方法。

如对寓言《赫耳墨斯和雕像者》的研读。

这则短文200多字，文体特征明显，故事内容一目了然，但经过多次、反复的阅读品析，可以读出的丰富内容还有：

整篇文章有两个段落，是典型的"叙议结合"的结构。第1段是一个完整的以神为主人公的寓言故事。它的第一层次是故事的开端，主要作用是让人物出场，并进行场景设置，为故事情节的发展做好铺垫。它的第二层次是故事的发展、高潮与结局；这一部分运用"三"的表达思维，在对话描写中表现人物心理、推进故事情节；第三次对话表现出情节的陡转，形成故事波澜。故事有开门见山的起笔，有细节生动的描写，有对比手法、白描手法的运用，有余味悠长的收笔。这则寓言通过赫耳墨斯自命不凡、主观臆断而在事实面前碰壁的故事，讽刺了那些爱慕虚荣、不务正业、妄自尊大的人。

这则短短的寓言，在教学上可以用于朗读训练、复述训练、人物评说训练、语言品析训练、手法欣赏训练和课中微写训练。

由于整体、反复地研读,教师对课文的理解精美、深刻,教学的内容有着文学审美的韵味。

二、要点提炼式研读

要点提炼式研读,即围绕单元教学重点和语文要素,提取课文的教学要点,以使课堂教学符合单元训练要求,突现课文重点、难点以及知识点。如经典课文《白杨礼赞》的教学要点提炼。

第一层次:重点知识要点。

文中议论、抒情句反复穿插的重要作用,宕开一笔的表达艺术和表达作用,抑扬手法、对比手法,还有象征手法的运用以及托物言志散文的特点。

第二层次:朗读训练要点。

读清层次,把握语气,读好重音,深情读背。

第三层次:字词积累要点。

字音词义——礼赞:崇敬和赞美。坦荡如砥(dǐ):宽广平坦得像磨刀石。宛若:很像,简直就是。潜滋暗长:暗暗地生长。滋,生长。恹恹(yān yān):形容精神不振的样子。晕(yùn)圈:模模糊糊的圈。婆娑(suō):枝叶扶疏的样子。虬(qiú)枝:像龙一样盘旋的枝条。伟岸:魁梧,高大。纵横决荡:纵横驰骋,冲杀突击。楠(nán)木:常绿乔木,木质坚密,是贵重的木材。秀颀(qí):美而高。颀,修长的意思。

第四层次:精读赏析要点。

课文第2段:交代典型环境,铺垫雄奇背景,增加美好内容,美化文章结构。

课文第5段:形神之美,层次之美,描述之美,抒情之美,承上启下,深情铺垫。

课文第7段:层次之美,虚实之美,抑扬之美,象征之美,表达方式之美,句式运用之美,点示主旨之美。

把握了课文的教学要点,课堂教学就能突现重点、攻克难点、显现美点,教学目标特别清晰。

三、整合资源式研读

教学资源，就课文而言，就是可以用于对学生进行训练的教学材料，如课文全文、课文的一部分、课文的精段、文中的字词积累、课文的写作知识、表达艺术等。整合资源，就是将课文中的有关材料分门别类地整合出来，以供教学之用。

如课文《纪念白求恩》的主要教学资源：

资源之一，用于课文中的大量字词积累训练，以及课文内容的朗读、背诵训练。

资源之二，用于文意把握训练：提取组合全文四个段落中的四个关键句。

资源之三，用于片段精读训练：阅读欣赏第2段的表达艺术及其表达作用。

资源之四，用于教学中的整体品析训练：阐释全文四个段落之间的关系。

资源之五，用于课文段落的分析训练：归纳第4段的段意并圈画出此段中的过渡句。

可以说，语文教师提高课堂教学质量的"招数"之一，就是提取教材中、课文中的教育教学资源。在坚持从课文中提取教学资源的教师面前，课堂教学活动中的"用料"取之不尽。

四、选点精析式研读

选点精析，即选取课文的关键处、精美处、深刻处、疑难处、知识内容丰厚处等"有嚼头"的地方进行细腻深入的品读。

如《从百草园到三味书屋》的第2段，鲁迅作品中最精彩的片段之一，选这个段落进行精读，让人有美感无限的感觉。

这个段落的语言表达之优美表现在：有描写抒情的关键词"无限趣

味",有由面及点的好句式"不必说……也不必说……单是……",有表现力丰富的众多短语,有动词运用精美的描写句,有顺势穿插的神秘而美好的传说。段中有概括的描写,也有细腻的描写;有动景的描写,又有静景的描写;有动物的描写,也有植物的描写;段中写了"声",写了"色",又写了"味",更写了"趣"。全段文字紧扣第1段的"乐园"展开描述,比拟生动,形容准确,情趣横生,真情流露,美感充沛,富有诗情画意。文中那个活泼可爱、尽情玩耍的小鲁迅宛如就在眼前,也让我们感受到作者"大"鲁迅对于儿童成长之中尽享"大自然之美"的深情赞叹。

教师对于课文或课文片段的精读,是为了更好地训练学生的精读赏析能力;正如上面这个段落,可以用于朗读训练、字词训练、句式训练、美点品析训练、作用阐释训练、背诵训练、仿写训练等。因为选点精读,开阔了教师的视野,深化了教学的见解,因此能够表现出教师"胸中有丘壑"的教学境界。

五、运用术语式研读

运用术语式研读,指的是运用文学知识性的话语来欣赏小说、散文、诗歌、戏剧之类的课文。运用术语式研读比文学欣赏在阅读视点上更加集中一些,目的是提升语文教师文学鉴赏的眼光,优化语文教师的语言质量。

课文《驿路梨花》后面有一道练习:"本文构思巧妙,层层设置悬念和误会,使故事情节一波三折。结合课文内容分析这种写法,说说其表达效果。"这道练习中就运用了一些术语。

阅读《驿路梨花》,还可以运用的术语有:微型小说,诗化小说,小说要素,人物群像,人物出场,人物设置,场景设置,环境描写,细节描写,叙事线索,文中波澜,虚实相映,照应手法,反复手法,以物衬人,点睛之笔,象征意义,以小见大,微小场景,宏大主题等。

一位语文教师,如果拥有丰美的文学知识,教学之中则更能表现出语文教学的美感,在长期的濡染之中,学生的审美趣味也能够高雅起来。

六、发现探究式研读

既发现又探究，是语文教师教材研读的必需思维方式与具体方法。发现探究式研读是趣味性的研读，是资料性的研读，是审美性的研读，也是研究性的研读。它可以运用选点精读、规律发现、反复品析的方式让目光聚焦，让思维驰骋；它能够让语文教师进行富有创意的、乐此不疲的课文研读，从而获得丰富的教学资料，并表现出自己的阅读个性。

如《论语》中的一则小美文：

子曰："贤哉，回也！一箪食，一瓢饮，在陋巷，人不堪其忧，回也不改其乐。贤哉，回也！"

孔子在这里赞美的是颜回的高尚品质与情操。其章法与手法之美如下：

1. 两次"贤哉，回也"，首尾照应，反复议论、抒情、点题，表达自己内心由衷的赞叹。

2. "一箪食，一瓢饮，在陋巷"，从吃、喝、住三个方面选取典型材料表现人物生活的穷困、清苦，角度精致准确，事实极有说服力与表现力。

3. "人不堪其忧，回也不改其乐"运用对比映衬手法，表现人物的美好品质。

4. "一箪食，一瓢饮，在陋巷"与"回也不改其乐"同样形成对比——物质环境如此贫苦，心境竟然恬淡依旧。

整章语录，章法严整，手法生动，人物形象丰满，语言抒情性强，有一种感人至深的艺术魅力。

这一连串的发现，内涵丰富，能够增添教学之中的情趣与美趣。

除了以上六种基本方法，还有单元归纳、章法欣赏、手法品析、纵向观察、横向联读、对比阅读、难题解析、提取范式、字词梳理、资料助读等多种课文研读的方法。教师拥有了这些美好的研读方法，教材里的宝藏就像汩汩清泉一样长流不息。

4. 学会提取课文中的教学资源

语文教师的教材研读，主要有两个目的：一是深研课文内容，准备好好上课；二是提取课文之中的教学资源，准备认真备课。

备课的过程，就是将课文中的教学资源有选择地进行提炼与整合，使之成为一个有序有效的训练方案的过程。这就叫作"教学设计"。

语文教师的阅读教学设计，要将着力之处放在"利用教材"四个字上。这就要求教师一定要对课文中的教育教学资源进行细致的提取，并且要用提取出来的教学资源设计学生的课堂实践活动。

教学资源，是教材、课文中用于对学生进行训练、让学生得到有效积累的语言材料；是用于对学生进行语言学习运用、读写技能训练、学习方法养成、语文知识积累、思维能力训练、情感熏陶感染的教学材料。我们平时所说的字、词、句、段、篇，就是课文教学资源的基本组成部分。

或者说，用于对学生进行语言教学、技能训练、方法养成、知识积累、情感熏陶的语文材料就是教学资源。如字词认读、短语积累、句式学用、段式仿写、精段品读等。教学资源可见、可感、可学、可用，能用于不同的训练活动之中。

就一篇课文而言，可用于课堂训练的教学资源主要有以下几方面：

文体、文化、文学、文章知识；生字难字与词语的理解与积累；句式与段式的学用；朗读与背诵内容的积累；基础阅读能力的训练，如文意概括、层次划分、关键句提取；高层阅读能力的训练，如表达作用品析、表达效果阐释、艺术手法欣赏；思维训练，如对比分析、想象创造、表达规律的发现；文章构思与写作的形式借鉴等。

在关注课文利用的教师眼中，几乎每篇课文都具有上述八类材料的利用价值，更不用说从单元的角度、整册教材的角度、同类文章的角度以及课内外结合所进行的教学资源的整合了。

任何课文的阅读教学，任何形式的阅读教学，最基本的目的，就是让每位学生都得到训练，学有所获，积累丰富。教师研读教材，提取教学资源，关键在于"用"——运用与利用，唯此才能有真正凸显的教学效果。"用"与"不用"，在教学效果上，夸张一点说，有着天壤之别。

教学资源是形成学生课堂实践活动的依凭和抓手，教师有了"教学资源"意识，就有了积累与训练的意识。

建立"教学资源"的意识，是语文教师走向"高端"教学能力的重要路径。提取整合教材、课文中的教学资源，是语文教师最重要的教学理念与教学技能之一。

如果一位语文教师缺乏教学资源意识，不进行教学资源的提取与运用，他就不知道用什么来"教"，就只能对学生进行浮于表面的"碎问碎答"式的课文教学，从而大大降低教学与训练的效率。

提取教学资源的基本方法，主要有以下四种。

一、认真分析课文的可用角度

如课文《"飞天"凌空》：

第一组教学资源，可用于基本的阅读训练：标题欣赏，课文朗读，字词学习，新闻知识，文意概括，层次划分，语言品析，精段品析。

第二组教学资源，可用于课文写法赏析：场景描写，叙议结合，动作描写，反复映衬，诗意小段，生动比喻，恰切渲染，巧妙点题。

第三组教学资源，可用于学生的语言学用：课文选段背诵，全文内容缩写，撰写课文评论等。

对于一篇短短的文章，我们的胸中、眼中有如此丰富的教学资源，何愁设计不出高妙雅致的学生课堂活动。

二、进行细致的分类整合

如《叶圣陶先生二三事》的语言学习卡片:

1. 字音字形。

丁卯(mǎo) 触及 伏案 执笔 修润 商酌(zhuó) 遵嘱 鞠躬 打拱 沦为 譬(pì)如 朦胧 累赘(léi zhui) 妥帖(tiē)

2. 词义诠释。

儒:学者。修润:修改润色。商酌:商量斟酌。譬如:比如。累赘:指拖累、麻烦。这里形容文字繁复或语言啰唆。沦为:(陷入不良的境地)成为。不耻下问:不以向地位低的人请教为耻。一以贯之:指始终按照一个道理做下去。颠沛流离:生活艰难,四处流浪。躬行君子:身体力行的品德高尚的人。鞠躬尽瘁:鞠躬,弯着身子;尽瘁,竭尽心力。指竭尽劳苦地贡献一切。

3. 短语识记。

躬行君子 学而不厌 诲人不倦 南腔北调 不耻下问 一以贯之
人之师表 颠沛流离 正心修身 付之一笑 平易自然 鲜明简洁
细致恳切 感慨系之 以身作则 鞠躬尽瘁

4. 难句理解。

躬行君子,则吾未之有得:做一个身体力行的君子,那我还没有做到。

学而不厌,诲人不倦,何有于我哉:学习不觉得满足,教人不知道疲倦,对我来说,做到了哪些呢?

己欲立而立人,己欲达而达人:自己要站得住,同时也要使别人也站得住;自己要事事行得通,同时也要使别人事事行得通。

5. 课文中的人物评价性语句。

叶圣陶先生是单一的儒,思想是这样,行为也是这样。

叶老既是躬行君子,又能学而不厌,诲人不倦,所以确是人之师表。

凡是同叶圣陶先生有些交往的,无不为他的待人宽厚而深受感动。

文字之外，日常交往，他同样是一以贯之，宽厚待人。

叶圣陶先生有为人宽的一面。他还有严的一面，是律己，这包括正心修身和"己欲立而立人，己欲达而达人"。

重视语文，努力求完美，并且以身作则，鞠躬尽瘁，叶圣陶先生应该说是第一位。

6. 课文中表达叶圣陶先生写话主张的句子。

写文章坚决用普通话。

要平易自然，鲜明简洁，细致恳切，简明如话。

写完文章后，可以自己试念试听，看像话不像话，不像话，坚决改。

在文风方面，特别重视"简洁"。

在细节上努力求完美，小至一个标点，乃至抄稿的格式，都要同样认真。

7. 课文中的重要语段。

第 2 段为重要语段。

8. 课文中的微型故事。

有人到东四八条他家去看他，告辞时，客人拦阻他远送，无论怎样说，他一定还是走过三道门，四道台阶，送到大门外。告别，他鞠躬，口说谢谢，看着来人上路才转身回去。他晚年的时候已经不能起床，记得有两次，我同一些人去问候，告辞时，他还举手打拱，不断地说谢谢。

假设我们利用上述教学资源设计这样的一节课：

活动一：课文默读，字词积累；

活动二：微文撰写，评说人物；

活动三：简明介绍，叶老主张；

活动四：片段细读，品析欣赏。

其中的每一次活动都会内容丰满，能够让学生积累丰厚。

三、集中视点，撷取专项资料

如陶行知《创造宣言》中的美句积累：

创造主未完成之工作，我们接过来，继续创造。

教育者不是造神，不是造石像，不是造爱人。他们所要创造的是真善美的活人。

教师的成功是创造出值得自己崇拜的人，先生之最大的快乐，是创造出值得自己崇拜的学生。

教育者也要创造值得自己崇拜之创造理论和创造技术。

平凡单调，只是懒惰者之遁词。

我们是要在平凡上造出不平凡，在单调上造出不单调。

绝望是懦夫的幻想。歌德说："没有勇气一切都完。"

是的，生路是要勇气探出来、走出来、造出来的。

当英雄无用武之地，他除了大无畏之斧，还得有智慧之剑，金刚之信念与意志，才能开出一条生路。

古语说：穷则变，变则通。要有智慧才知道怎样变得通，要有大无畏之精神及金刚之信念与意志才变得过来。

处处是创造之地，天天是创造之时，人人是创造之人，让我们至少走两步退一步，向着创造之路迈进吧。

点滴的创造固不如整体的创造，但不要轻视点滴的创造而不为，呆望着大创造从天而降。

割草的也可以一变而成为种树的老农，如果他肯迎接创造之神住在他的心里。

创造之神！你回来呀！只有你回来，才能保证参天大树之长成。

只要有一滴汗，一滴血，一滴热情，便是创造之神所爱住的行宫，就能开创造之花，结创造之果，繁殖创造之森林。

运用这样专项的教学资源，同样可以设置美好多姿的课中阅读、写作、品析和背诵的训练活动。如果我们运用横向联系的方法，集聚多篇课文的一些专项资料，则更能彰显出教学资料的丰富魅力。

四、提取精致的"微写作"的范式

如《苏州园林》的"微型说明艺术":

举例式说明:水面假如成河道模样,往往安排桥梁。假如安排两座以上的桥梁,那就一座一个样,决不雷同。

比喻式说明:苏州各个园林在不同之中有个共同点,似乎设计者和匠师们一致追求的是:务必使游览者无论站在哪个点上,眼前总是一幅完美的图画。

比较式说明:我国的建筑,从古代的宫殿到近代的一般住房,绝大部分是对称的,左边怎么样,右边也怎么样。苏州园林可绝不讲究对称,好像故意避免似的。

排比式说明:为了达到这个目的,他们讲究亭台轩榭的布局,讲究假山池沼的配合,讲究花草树木的映衬,讲究近景远景的层次。

阐释式说明:墙壁上有砖砌的各式镂空图案,廊子大多是两边无所依傍的,实际是隔而不隔,界而未界,因而更增加了景致的深度。

评赞式说明:假山的堆叠,可以说是一项艺术而不仅是技术。或者是重峦叠嶂,或者是几座小山配合着竹子花木,全在乎设计者和匠师们生平多阅历,胸中有丘壑,才能使游览者攀登的时候忘却苏州城市,只觉得身在山间。

描绘式说明:阶砌旁边栽几丛书带草。墙上蔓延着爬山虎或者蔷薇木香。如果开窗正对着白色墙壁,太单调了,给补上几竿竹子或几棵芭蕉。

烘托式说明:大致说来,那些门和窗尽量工细而决不庸俗,即使简朴而别具匠心。四扇,八扇,十二扇,综合起来看,谁都要赞叹这是高度的图案美。摄影家挺喜欢这些门和窗,他们斟酌着光和影,摄成称心满意的照片。

……

上面的说法别出心裁,通俗易懂,不落俗套,同学们学用起来既实在又富有美趣。

提取教学资源的方法多种多样，其目的都是为了尽善尽美地利用课文，让学生的课堂训练活动更务实，更精致，更生动。如下面的教学案例。

课文《陋室铭》的可用教学资源，主要有以下九类：

（1）与课文有关的作家作品知识、历史文化知识的积累；（2）文中字词的认读、词义的理解与辨析、难句的理解；（3）课文整体的文意理解与翻译；（4）课文的朗读、背诵、默写训练；（5）课文章法结构的品析；（6）托物言志的写法理解；（7）抒情手法与映衬烘托手法的品析；（8）课文美点欣赏；（9）课文改写或扩写。

我们可从中选择几项，进行一个课时的教学设计，利用教学资源组织学生训练活动。

如，教学创意：文词习得，文意理解，文笔欣赏。

课始进行教学铺垫，出示如下内容，学生朗读，教师指导学生做好摘记：

（1）刘禹锡（772—840），唐代文学家。字梦得，洛阳（今属河南）人。曾被贬到外地做官20多年，《陋室铭》就是他贬至安徽和州时所写。（2）古代刻在器物上用来警戒自己或称述功德的文字叫作"铭"，其简短、优美、基本押韵，后来发展成一种文体。（3）《陋室铭》以抒情的笔调咏物抒情，赞颂陋室，以显示主人淡泊高雅之生活情趣。

活动一：课文朗读，自我习得，理解文词。

教师范读课文，学生朗读课文，人人自奋其力，识记、理解如下字词：

名：出名，有名。

灵：神异。

斯：这。

馨：香气，这里指品德高尚。

苔痕：苔藓滋生之迹。

鸿儒：博学的人。鸿，大。儒，读书人。

白丁：平民。这里指没有什么学问的人。

素琴：不加装饰的琴。

金经：指佛经。

丝竹：琴瑟箫管等乐器。指奏乐的声音。

乱耳：指扰乱心境。

案牍：官府的公文。

劳形：使身体劳累。形，形体、身体。

南阳诸葛庐，西蜀子云亭：南阳有诸葛亮的草庐，西蜀有扬子云的亭子。这句话是说，诸葛庐和子云亭都很简陋，但因为主人很有名，所以受到人们的景仰。

何陋之有：有什么简陋的呢？

活动二：课文朗读，自讲文意，全文背诵。

教师播放专家的朗读录音，学生听读。

教师指导学生朗读课文。一读读准字音，二读读好停连，三读读清层次，四读读出情味，五读背诵全文。

学生人人自讲课文文意，教师顺势出示译文，学生朗读。

活动三：静读批注，课文品读，美句欣赏。

话题：自由品读、欣赏课文的美句，阐释其表达之美，做好课文批注。

学生课中发言之后，教师小结、讲析，学生做笔记：

"山不"句山水起兴，仙龙为喻。

"苔痕"句写静为动，情景交融。

"谈笑"句虚实结合，以客衬主。

"可以"句对比鲜明，志趣高雅。

"南阳"句妙用典故，暗写志向。

"孔子"句巧妙引用，画龙点睛。

全文叙议结合，托物言志。

文章表现了作者洁身自好、不慕名利的生活态度，表达了作者高洁傲岸的节操，流露出作者安贫乐道的隐逸情趣。

……

利用教学资源组织学生的训练活动，此课的高效可见一斑。无论从哪个角度检测学生，学生都会经得起考查。

由此可以说，教学资源是有效的语文教学大海中最晶莹的浪花。

5. 多写一点 课文赏析的小美文

课文赏析短文的写作，是语文教师的第一写作能力。语文教师最应该经常写的，就是关于课文的千字短论。它既能够实实在在地表现一位教师对于教材的把握能力，又能显现其课文欣赏能力和语言表达的水平；它既是论文写作能力的一种训练方式，又是个人教学资料积累的一种途径；它既是提升教师学问背景和专业知识的好方法，也是提高教师课堂教学质量的极好保证。为了拥有有效、高效的课堂教学，在繁忙的工作中，我们需要腾出手来，坚持写一写课文赏析的小美文。

一、写课文整体赏析的小美文——《春》的诗味从哪里来

《春》的课后"思考探究"之二说道：课文读起来富有童趣，又带有诗的味道，清新、活泼、优美。那么，《春》的诗味是从哪里来的呢？

《春》的诗味，从它的抒情意味中散发出来。文章以抒情发端，以描述铺展，以抒情作结，章法结构优美。在其描述部分，作者用生花妙笔，赞草、咏花、赋风、绘雨、写人；春的美景，春的气息，春的活力，都在美好的情致之中表现出来了。

《春》的诗味，从它的精美段落中渗透出来。文中的小草图、春花图、春风图、春雨图、春早人勤图，无一没有美好的画面，无一没有细腻的描述，无一没有抒情的韵味，读着读着，就让人进入到诗一般的意境之中，让人感受到春的温暖、清新、活泼和美好。

《春》的诗味，从它的特别句式中传达出来。文中运用了大量的抒情短

句,如,"山朗润起来了,水涨起来了,太阳的脸红起来了""风轻悄悄的,草软绵绵的""红的像火,粉的像霞,白的像雪"……它们含情反复,透露出喜爱赞叹的情感色彩。据说,《春》中七个字以下的句子有60句左右,它们节奏轻快活泼,表现出浓郁的诗情画意。

《春》的诗味,从它个性优美的语言中浸润出来。这篇美文,音调抑扬有致,大量运用叠字词,增添了语言的音乐美;运用了不少儿化音,让语言的表达轻柔美好;比喻、拟人、反复、排比等修辞手法的运用,优化着文中的抒情美。特别是那些用得精妙的字,如"欣欣然张开了眼"的"张","太阳的脸红起来了"的"红","小草偷偷地从土里钻出来"的"钻","蜜蜂嗡嗡地闹着"的"闹"等,更是诗意盎然。

《春》就是那缕缕的春风,诗味洋溢在我们的心头。

二、写课文片段品析的小美文——这一段文字有多美

刘湛秋先生《雨的四季》着眼宏阔,表达细腻,综合运用多种手法,对雨的四季进行了动情的描写。

文中有叙述、描写、议论、抒情等表达方式的综合运用,正面描写、侧面映衬、实写与虚写手法的综合运用,各种修辞方法的综合运用,"五觉写景"手法的综合运用等。

下面写春雨的这段文字,精致地显现了作者笔下的表达之美:

春天,树叶开始闪出黄青,花苞轻轻地在风中摆动,似乎还带着一种冬天的昏黄。可是只要经过一场春雨的洗淋,那种颜色和神态是难以想象的。每一棵树仿佛都睁开特别明亮的眼睛,树枝的手臂也顿时柔软了,而那萌发的叶子,简直就像起伏着一层绿茵茵的波浪。水珠子从花苞里滴下来,比少女的眼泪还娇媚。半空中似乎总挂着透明的水雾的丝帘,牵动着阳光的彩棱镜。这时,整个大地是美丽的。小草似乎像复苏的蚯蚓一样翻动,发出一种春天才能听到的沙沙声。呼吸变得畅快,空气里像有无数芳甜的果子,在诱惑着鼻子和嘴唇。真的,只有这一场雨,才完全驱走了冬天,才使世界改变了姿容。

美在全段的层次,第一层是对春雨的精细描写,第二层用"真的"一句进行了议论抒情。

美在先抑后扬的布局。起笔一句是"抑",后续的描写是充满赞美、喜爱之情的"扬"。

美在间接手法的运用。作者没有直接描写春雨的形色声态,而是通过雨中万物的情态来写春雨的温润。

美在精致的比喻,明亮的眼睛,柔软的手臂,娇媚的眼泪……多角度表现着春雨柔美、温馨的力量。

美在从视角、听觉、嗅觉的角度描写雨后的世界,牵动着我们美妙的联想与想象。

美在虚写的手法,小草发出"春天才能听到的沙沙声",表现出美妙的意境与韵味。

还美在抒情词句的运用以及段中的抒情语气和语调……

三、写课文知识方面的小美文——《敬业与乐业》中的"论说"知识

《敬业与乐业》是一篇演讲词,"敬业与乐业"是全文的论题。

课文的第一部分(第1段)提出了"'敬业乐业'四个字,是人类生活的不二法门"这个中心论点。

在文章的第二部分,作者从"有业""敬业""乐业"三个方面进行了阐释和论证。"敬业与乐业"的前提是"有业",论说"有业",是为论说"敬业"与"乐业"所进行的铺垫;接着作者围绕两个分论点"第一要敬业""第二要乐业"展开了论证。这两个分论点严密、有序地照应着文章的标题和中心论点。

本文运用的论证方法主要有:

举例论证。如文中在谈到"有业之必要"时,举了孔子和百丈禅师的两个例子加以说明。

道理论证。如文中谈到"凡职业都是有趣味的"时,列举了四个原因加

以说明。

对比论证。如文中谈论"百行业为先,万恶懒为首"时,论说"第一等的苦人""第二等的苦人"等,结合全文的内容看,都是一种对比。

本文在结构上呈现出总—分—总的形态。最后一段从"责任心"和"趣味"的角度总结了全文的旨意。

这篇演讲词在论证手法上的最大特点,就是大量引用经典、格言。儒家的《礼记》《论语》及孔子、朱熹、曾国藩,道家的《老子》《庄子》,佛家的百丈禅师,都被作者拿来论证自己的观点。

这篇演讲词口语特色分明,表现出演讲的特点。作者在引用古籍名言时,往往用通俗的口语进行解释,文中不少表达,都是语言通俗,如话家常,且结合演讲时的情境,注意和听众进行现场交流。

作者在演讲的过程中,常常使用某些词语或句子来推进论证过程或转换话题。如:"所以在讲演正文以前,先要说说有业之必要"。又如:"业有什么可敬呢?为什么该敬呢?"还如:"怎样才能把一种劳作做到圆满呢?"

……

四、写学法指导方面的小美文——指导学生写写文学鉴赏的文章

关于让学生写写文学鉴赏的文章,在语文新课标中的"整本书阅读"这一部分出现过一次:"开展多样的读书活动,丰富、拓展名著阅读。借助多种媒介讲述、推荐自己喜欢的名著,说明推荐理由;尝试改编名著中的精彩片段;结合自己的阅读体会,尝试撰写文学鉴赏文章。"

"尝试撰写文学鉴赏文章",简短的10个字,打开的却是学生写作训练的一扇大门。"尝试"一词用得很委婉,但可以给我们掷地有声的启迪。

语文教师是可以而且应该指导学生写写文学鉴赏的文章的。

因为,关于"文学鉴赏",语文新课标中其实已经多次表达过对阅读训练的要求了,如:

了解诗歌、散文、小说、戏剧等文学样式；能对作品中感人的情境和形象说出自己的体验，品味作品中富于表现力的语言；体会作者通过语言和形象构建的艺术世界；学习欣赏、品味作品的语言、形象等，交流审美感受，体会作品的情感和思想内涵；能用文字、结构图等方式梳理作品的行文思路；能品味作品中重要的语句和富有表现力的语言；能借助与文本相关的材料，结合作品关键语句评价文本中的主要事件和人物；通过圈点、批注等多种方法呈现对作品中语言、形象、情感、主题的理解；在文学体验活动中涵养健康向上的审美情趣；等等。

有了文学的审美的阅读鉴赏训练，也就有了文学的审美的作品鉴赏文章的写作。

指导学生尝试撰写文学鉴赏文章，可关注如下教学设计的要领：

1. 可在落实课后训练题的过程中顺势进行。如八下《〈诗经〉二首》，课后练习一要求学生"选择本课中的一首诗"，就"重章叠句"的表达效果进行"具体分析"。

2. 可结合教材中的"活动·探究"单元的教学要求自然进行。如九上第一单元就有"任选一首你喜欢的诗，写一段赏析文字"的要求，九下第五单元，就有"写一段人物分析"的动笔任务。

3. 可在学生文学作品阅读以及整本书阅读之中给学生渗透一些"文学鉴赏"方面的知识、角度以及语言表达的特点等内容。

4. 着眼点要小，要有"范文"的具体运用以及教师的细致指导。

如文学作品鉴赏"美点赏析法"的教学指导：

对一篇文学作品进行美点赏析、妙点寻踪，是鉴赏短文写作的美妙角度与常用方法。其着眼点就是对整篇作品或作品片段的表达之美、技法之妙进行品析与欣赏。

其欣赏的内容与角度相当丰富，如人物形象之美、故事情节之美、细节描写之美、字词运用之美、表现手法之美、语言风格之美、起笔收笔之美等；还可以细化到结构之美、层次之美、思路之美、线索之美、详略之美、顺序之美、音韵之美、抑扬之美、穿插之美、铺垫之美、照应之美、映衬之美、伏笔之美、转折之美、波澜之美等。

教师出示"美点赏析"的简洁范文，学生研读有关作品，尝试写鉴赏文章。

唯有动笔实践，才能让学生得到真实的训练。

五、写综合阐释方面的小美文——小说中景物描写的作用

叙事作品中的景物描写，有着美妙的表达艺术，能给我们带来阅读之中的丰富美感。

小说里的景物描写或风景描写，是为作者的艺术构思服务的，它们在小说作品中有着不同角度的表达作用。如：

天亮的时候，雨停了。

草地的气候就是怪，明明是月朗星稀的好天气，忽然一阵冷风吹来，浓云像从平地上冒出来的，霎时把天遮得严严的，接着就有一场暴雨，夹杂着果子般大的冰雹，不分点地倾泻下来。

这是王愿坚的小说《七根火柴》的开头，它描写了故事中恶劣的自然环境，铺设了故事发生时的阴冷背景，表现了红军战士在极端艰苦环境中的献身精神。

晋察冀边区的北部有一条还乡河，河里长着很多芦苇。河边有个小村庄。芦花开的时候，远远望去，黄绿的芦苇上好像盖了一层厚厚的白雪。风一吹，鹅毛般的苇絮就飘飘悠悠地飞起来，把这几十家小房屋都罩在柔软的芦花里。

这是管桦的《小英雄雨来》中的景物描写，是一幅美好的风景画、风情画，营造出恬静优美的环境，为小英雄的出场进行了铺垫，"河"的出现，为故事情节的发展埋下了伏笔。

时候既然是深冬；渐近故乡时，天气又阴晦了，冷风吹进船舱中，呜呜

的响，从篷隙向外一望，苍黄的天底下，远近横着几个萧索的荒村，没有一些活气。我的心禁不住悲凉起来了。

这是鲁迅先生《故乡》开头部分的景物描写，以及心情的抒发。这里渲染了当时乡村败落的情景，为故事情节的发展和人物性格的表现铺设了深沉的氛围基调。

我们上了轮船，离开栈桥，在一片平静得好似绿色大理石桌面的海上驶向远处。正如那些不常旅行的人们一样，我们感到快活而骄傲。

后来大家都不再说话。在我们面前，天边远处仿佛有一片紫色的阴影从海里钻出来。那就是哲尔赛岛了。

这是莫泊桑《我的叔叔于勒》中的两次景物描写。在具体的故事情境中，景物的描写，能够表现人物的心情，它们分别表现了人物快乐和沮丧的心情。

两岸的豆麦和河底的水草所发散出来的清香，夹杂在水气中扑面的吹来；月色便朦胧在这水气里。淡黑的起伏的连山，仿佛是踊跃的铁的兽脊似的，都远远地向船尾跑去了，但我却还以为船慢。

这是鲁迅《社戏》中对月色之下乡村美好夜色的描写，清新美好，表现力丰富。它显现出动态的充满风情之美的夜的画面，从侧面表现船的快速行进，暗写了人物的美好心情，"两岸的豆麦"为后来偷豆的描写埋下了伏笔。

这里的气味，倒是很好闻的。万顷芦苇，且又是在夏季青森森一片时，空气里满是清香。芦苇丛中还有一种不知名的香草，一缕一缕地掺杂在芦叶的清香里，使杜小康不时地去用劲嗅着。

这是曹文轩《孤独之旅》中穿插的景物描写，它有一种特别的意味，即穿插于叙事的情节之中，起着舒缓故事情节、变化叙事节奏的美妙作用，同时又照应着前后文中的景物描写。

小说中的景物描写，能够表现故事背景、安排故事场景、设置情感基调、渲染环境气氛、推进情节发展、形成文中线索、表现人物心情、显现风情民俗等。小说中的景物描写，是最具审美魅力的文学现象之一，值得我们深入地品析鉴赏。

……

课文赏析短文的写法丰富多姿，如章法的审美、手法的品析、语言的品味、文学作品的赏析、专项知识介绍、读课文学作文、古诗词阅读欣赏、作品风格特色的鉴赏等。

当我们阅读赏析的能力日渐提升的时候，教学就更加能够表现出"美"与"雅"。

第三章　设计艺术篇

本章导读

　　有效的、高效的课堂教学设计，除了有一定教学理念的引导，更重要的是教师要具备课堂教学设计的技能与艺术。在语文新课标的背景下，教学设计的艺术主要应该表现于课堂教学时间的俭省而教学内容的丰厚，表现于学生课堂实践活动的充分以及课中积累的厚实。本章从细节入手，比较系统地介绍了有效阅读教学的设计艺术。

1. 阅读教学好课的基本特点

教师了解、把握了好课的基本特点，在备课时就会多一点理性思考，多一点细心琢磨，就有可能让课堂教学有更好的效果。

一、好课的四个主要特点

好课，简单地说，就是教学效果好的课。下面先阐释其四个方面的主要特点。

特点一：教学思路清晰

这应该是好课最重要的基本特点之一。如课文《秋天的怀念》的教学思路设计：

实践活动一：诗意地概说。

实践活动二：细腻地品析。

实践活动三：深情地背诵。

它表现出很清晰的"板块式"教学思路：活动一着眼于全文文意的理解，活动二专注于课文第 2 段的精读品析，活动三聚焦于当堂背诵积累课文最后一段。教学效果相当好。

"板块式"教学思路，好在有清晰连贯、层次井然的教学过程；关键在于每个教学板块中都有一次目标明确的训练活动，一篇课文的教学或一个课时的教学，学生都在"任务"式的实践活动中得到真正的阅读训练。

特点二：任务明确有力

这也是好课的最重要的一个基本特点。如课文《咏雪》的课中活动设计：

课始简洁导入，进行背景铺垫，学生听读课文，朗读课文。
活动一：字词认读，词义理解。
活动二：朗读训练，背诵全文。
活动三：课文欣赏，评点批注。
活动四：笔记整理，形成微文。

这个创意中的四次活动，任务清楚，安排有序，学生活动充分，课中积累丰富。活动一，学生人人朗读与识记，结合课文文句理解句段的意思；活动二，教师对学生进行细节化的朗读训练，学生背诵课文；活动三，由动而静，人人动笔批注，赏析课文的细节描写之美；活动四，每位学生都要整理课中学习笔记，使之成为一篇关于本课内容的知识性短文。

特点三：课中活动成形

课中活动成形，是说学生的课堂实践活动要有时间的长度。如课文《回忆我的母亲》的课堂教学设想：

教学创意：理解一篇；精读一段；背诵一节；长文短教，难文浅教。
课始，进行厚重背景的铺垫，学生认字识词。
活动一：文意理解训练。请同学们动笔，利用课文写微文——"我爱我母亲，特别是她勤劳的一生：_____"。
活动二：精段研读训练。细读课文第7段，要求阐释、说明这段文字的表达之美以及在全文中的作用。
活动三：朗读背诵训练。请同学们当堂背诵课文第15、16两段。

这个教学创意中，活动一为12分钟左右，活动二为15分钟左右，活动三为10分钟左右，三次活动都有比较长的时间保证，这就叫作"课中活动成形"。活动成形了，学生的训练活动才能够真正地进行与落实。

什么样的课中活动不成形呢？教师一个接一个问题地问学生，学生一个问题接一个问题地回答教师。于是学生就无法在占有充分时间的前提下朗读、识记、品析、背诵、微写，所谓活动的内容也基本上只是浮于课文表面。

特点四：训练细节精致

在重要的训练活动中，教师要细心地指导学生，耐心地引导学生的活动，落实训练活动的细节。如《天上的街市》中的朗读训练活动：

朗读训练一：体味音乐美。
教师范读，指导学生读好本诗的节奏、停顿、韵脚与重音。
朗读训练二：表现情感美。
教师范读，指导学生一节诗一节诗地进行朗读体味。
第一节：读出惊喜之情，表现天上街市的安谧宁静；
第二节，读出赞叹之情，表现天上街市的美丽繁荣；
第三节，读出欢快之情，表现天上街市的自由祥和；
第四节，读出甜美之情，表现天上街市的幸福快乐。
然后顺势背诵全诗。

像这样的朗读训练活动，就是训练细节精致的活动，无论从活动的美感看，还是从学生的收获看，远非那种让学生"自己喜欢怎样读就怎样读"的粗糙指令所能及。

二、好课的四个次要特点

好课，换个角度看，就是省时增效的课。下再阐释其四个方面的次要特点。

特点一：课始入课迅速

入课迅速的目的，是为了节省课堂教学的时间。课堂教学的时间，比金子还宝贵，一去不复返。它关系着一个班的学生在课堂上能否有更多更好的学习收获。课始简洁、洗练，语文教学的情味就浓郁，教师的敏捷干练就突现。好的做法是"开课揭题，直入情境"，一上课就引导学生进入课文的情境与语境，进入课中学习活动。如下面的一些"开讲语"："这节课我们学习《中国石拱桥》，说明文，科学小品文，这将是一节有趣的训练课""这节课我们一起欣赏张岱的《湖心亭看雪》，这是一节文言散文的阅读赏析课""同学们，我们今天欣赏的是著名的短篇小说《孔乙己》，鲁迅先生的大作"……

好课的开始，不需要渲染，不需要煽情，不需要开课就问今天上什么课，不需要问学生预习好了吗，不需要与学生聊天。好课的开始，就是课文学习的开始。

特点二：教学铺垫到位

有不少课堂教学，没有对作品学习背景进行事先交代；有的课，上到一半再给学生介绍作家、作品知识；甚至还有的课，教学快要结束了，才问学生"你们知道作者是谁吗"。这些其实都会影响课文学习效果：没有"背景"的依托，课文学习很难让学生有真切的理解并得到真实的情感体味。所以我们要注意恰切地做好课文学习之前的教学铺垫。

下面是《记承天寺夜游》的教学铺垫内容：

苏轼（1037—1101），北宋著名文学家、书画家，唐宋八大家之一。字子瞻，号东坡居士，四川眉山人。

元丰二年（1079），苏轼因"乌台诗案"入狱，险遭杀身之祸，随后被贬至湖北黄州。

"乌台诗案"：苏轼对朝廷的新法持有不同意见，因写诗被网罗罪名，抓到乌台，投入监狱，贬为黄州团练副使。

（在黄州）他给天下写出了四篇他笔下最精的作品。一首词《赤壁怀古》，两篇月夜泛身的前、后《赤壁赋》，一篇《记承天寺夜游》。单以能写出这些绝世妙文，仇家因美生妒，把他关入监狱也不无道理。（节选自林语堂《苏东坡传》第16章）

知人论世，是语文教师要把握的一项教学要求，在平时的教学之中，凡古诗古文、中外文学作品、名人名作、新闻作品、政论作品、历史文化作品等，都需要先做好教学铺垫，再展开教学活动。

特点三：教师讲析优美

好课，一定离不开教师的精美讲析。课堂中的教师讲析，往往安排在某个教学板块将要结束之时，教师为活动作小结，顺势讲析有关内容的表达艺术、表现手法等，以增加课堂教学的韵味，增加学生的课中积累。

如《纪念白求恩》的学生活动中，安排了对课文第 2 段"表达之美"的赏析，教师讲析的内容是：这一段具有首尾照应之美、对比手法之美、叙议结合之美、侧面映衬之美、用词精练之美、句式生动之美、称呼变化之美、情感抒发之美……

很明显，教师讲析的这些内容，是学生无论"合作"还是"讨论"都没有办法达到的精美程度，它们表现出来的是教师的专业水平和学问背景。优质的课堂，少不了教师的精致讲析。

特点四：少用平俗手法

所谓平俗手法，就是课堂上流俗的不雅致的没有什么教学效果的细节。比如：夸张地、无原则地表扬学生，常常要求学生鼓掌；教学过程中无交代，不过渡，缺示例，没有活动之后的知识性小结；课堂提问中常常纠缠于对一个学生的反复追问；课上动不动就"分享"；课外预读预写过分，在课上组织虚假的展示；无论上什么课，永远只能用提问的方式进行等。平俗的手法，不美，不雅，不实，我们对此应该有天然的教学警觉。

2. 突现学科性质，落实语言训练

语文课要"聚焦语用"，是由语文学科的本质特点和学科职责所决定的。语文新课标再次强调了语文学科教学的最为核心的任务是学习语言文字运用，告诉我们在教学中一定要突现对学生的语言学用训练，指导着我们提升教学理念，提高教学能力。

一、聚焦语用

语文新课标明确地规定了语文课程的性质：语文课程是一门学习国家通用语言文字运用的综合性、实践性课程。工具性与人文性的统一，是语文课程的基本特点。

该课标同样明确地定义了学生的语文核心素养：义务教育语文课程培养的核心素养，是学生在积极的语文实践活动中积累、建构并在真实的语言运用情境中表现出来的，是文化自信和语言运用、思维能力、审美创造的综合体现。

该课标明确地指出了"语言运用"在核心素养中的核心作用：在语文课程中，学生的思维能力、审美创造、文化自信都以语言运用为基础，并在学生个体语言经验发展过程中得以实现。

该课标明确地阐释了义务教育阶段学生实践活动的基本要求：义务教育语文课程围绕立德树人根本任务，充分发挥其独特的育人功能和奠基作用，以促进学生核心素养发展为目的，以识字与写字、阅读与鉴赏、表达与交流、梳理与探究等语文实践活动为主线，综合构建素养型课程目标体系。

该课标设定的学生的学习任务群中,"语言文字积累与梳理"任务群放在首位:本学习任务群旨在引导学生在语文实践活动中,积累语言材料和语言经验,形成良好语感;通过观察、分析、整理,发现汉字的构字组词特点,掌握语言文字运用规范,感受汉字的文化内涵,奠定语文基础。

……

上述这些极其重要的教育思想和教学要求,无一不是将"语言运用"作为首要的教学内容规定了下来,表现出一种指令性的突现学科性质特点的强调与规定。

所以,有效的、高效的课堂阅读训练的教学设计,一定要"聚焦语用",要将语言学用训练放在最重要的位置上。

日常语文阅读教学中,我们在很大程度上偏离了语文课程的根本特点,将"学习国家通用语言文字运用的综合性、实践性课程"变成了比较单纯的解析文章内容的课程。

因此,贯彻语文新课标精神,加强对学生的语言学用训练的教学研究应该尽快地成为语文教师的重点研究内容。无论什么课文,都需要有真正的语言积累、学用的训练。

我们怎样改变陈旧的教学理念,在关注有效的语言学用训练方面迈开稳健的步伐呢?

第一,提升我们的教学认识,严格按照语文新课标的理念与要求,习惯于在课文教学中首先关注学生的语言学用训练。

第二,养成提取教材中、课文中的教学资源的好习惯,整合出更多的语言教学资源,有力度、有厚度地落实课堂教学中的语言学用训练。

就一篇课文而言,可用于课堂训练的教学资源主要有:

生字难词的认读与书写,词语的理解与积累;句式与段式的学用;朗读训练,背诵积累;文意概括训练,层次划分、关键句提取训练;高层阅读能力的训练,如表达作用品析、表达效果阐释、艺术手法欣赏;思维训练,如对比分析、想象创造;文章构思的写作形式借鉴等。如果将它们用于教学与训练,则无一例外地全都与"语言运用"有关。

第三,实践并创新阅读教学中的语言学用训练的新角度、新形式、新方法。如：减少课文阅读教学中"分析"的量，降低"分析"教学的比例；将课文阅读教学的设计向"语言学用"进行重点倾斜；增加课文阅读教学中"语言教学"的时间长度；丰富课堂教学中"字词教学"组合形式与教学的"量"；教学中更巧妙地运用"读写结合"的方式，让学生有更多的动笔实践的机会；关注对精美段落的利用，或朗读背诵，或批注评点，或"段式学用"；加强朗读、背诵活动在课堂教学中的落实；创新课堂教学中的概括、阐释、简介、评说、描摹、辨析、微写等"语言运用"的活动形式；创造出新的实用的专门进行语言训练的"语言学用"课型。

……

二、落实语言训练的方法

在我们自己的教学实践中，要关注学生语言学用的训练，如下面的若干实用做法。

基础的字词教学

此项内容，一般安排在新课导入、教学铺垫之后，顺势进入精选的整合过的课中字词教学，有时也可以扩展到句或语言片段的读背积累。这样的教学内容，几乎每一篇课文都可以进行，全在于教师的精心提炼。如《壶口瀑布》的"分类推进"式的字词教学：

1. 字词认读。

凹（āo）下　推搡（sǎng）　驰骋（chěng）　漩（xuán）涡　寒噤（jìn）
雾霭（ǎi）　出轧（zhá）　汩汩　潺潺　如丝如缕　凿（záo）得
怒不可遏　剁（duò）去　挟（xié）而不服

2. 短语积累。
写其声形的：

涛声如雷　雾气弥漫　浪沫横溢　水浸沟岸　雾罩乱石　排排黄浪
堆堆白雪　一川黄浪　汩汩如泉　潺潺成溪　衰衰打旋　如丝如缕

写其态势的：

千军万马　扑面而来　震耳欲聋　深不可测　轰然而下　夺路而走
乘隙而进　折返迂回　钻石觅缝

写其精神的：

博大宽厚　柔中有刚　挟而不服　压而不弯　不平则呼　遇强则抗
死地必生　勇往直前

有趣的课文集美

"课文集美"，即将课文中的美句或片段进行组合，创作出一则微型的美文。这种活动饶有趣味，学生的创作内容呈现出千姿百态的状貌。如课文《永久的生命》的教学，学生的课中实践活动共有四次：一是速读课文，阐释内容；二是课文默读，概说思路；三是美段（第2段）细读，赏析美点；四是课文集美，微文创写。第四次活动中，请每一位同学都从课文中撷取三个句或段，形成一则美文并加上标题。如下文：

永久的生命

感谢生命的奇迹，它永远存在。

它充满了希望，永远不休止地繁殖着，蔓延着，随处宣示它的快乐和威势，不断给世界以色彩，不断给世界以芬芳。

让我们赞美生命，赞美那毁灭不掉的生命吧！

专项的课中仿写

此项内容是教师利用课文中结构精巧的语言片段，指导学生的课中微写或仿写学用，既有语用训练的作用，也有思维训练的效果。如《中国石拱桥》的教学，请同学们观察、感受下面的语言形式并进行学用，以课文中的"卢沟桥"为对象进行微写。

1.说明＋描写。

石拱桥的桥洞成弧形，就像虹。｜古代神话里说，雨后彩虹是"人间天上的桥"，通过彩虹就能上天。我国的诗人爱把拱桥比作虹，说拱桥是"卧虹""飞虹"，把水上拱桥形容为"长虹卧波"。

2. 说明＋举例。

我国的石拱桥有悠久的历史。｜《水经注》里提到的"旅人桥"，大约建成于公元 282 年，可能是有记载的最早的石拱桥了。我国的石拱桥几乎到处都有。这些桥大小不一，形式多样，有许多是惊人的杰作。其中最著名的当推河北省赵县的赵州桥，还有北京丰台区的卢沟桥。

3. 说明＋阐释。

大拱的两肩上，各有两个小拱。｜这个创造性的设计，不但节约了石料，减轻了桥身的重量，而且在河水暴涨的时候，还可以增加桥洞的过水量，减轻洪水对桥身的冲击。同时，拱上加拱，桥身也更美观。

4. 说明＋评价。

赵州桥非常雄伟，全长 50.82 米，两端宽 9.6 米，中部略窄，宽 9 米。｜桥的设计完全合乎科学原理，施工技术更是巧妙绝伦。唐朝的张嘉贞说它"制造奇特，人不知其所以为"。

5. 说明＋观感。

全桥结构匀称，和四周景色配合得十分和谐；就连桥上的石栏石板也雕刻得古朴美观。｜唐朝的张鷟说，远望这座桥就像"初月出云，长虹饮涧"。

精致的美段细读

教学之中，常常可以利用文质兼美的课文片段，组织综合性的读、写、说、背的训练活动，其中以语言学用、语言积累的课中活动为主。如《大自然的语言》的教学中，用一个课时的时间进行课文第 1 段的"一段 N 练"的训练活动：

立春过后，大地渐渐从沉睡中苏醒过来。冰雪融化，草木萌发，各种花次第开放。再过两个月，燕子翩然归来。不久，布谷鸟也来了。于是转入炎热的夏季，这是植物孕育果实的时期。到了秋天，果实成熟，植物的叶子渐渐变黄，在秋风中簌簌地落下来。北雁南飞，活跃在田间草际的昆虫也都销声匿迹。到处呈现一片衰草连天的景象，准备迎接风雪载途的寒冬。在地球上温带和亚热带区域里，年年如是，周而复始。

活动一：本段朗读训练。

活动二：认读识记美词。

萌发（méng fā）：这里指草木在春天里开始显露生机。

次第：依次，按照顺序或依一定顺序，一个接一个。

翩然（piān rán）：动作轻快的样子。

孕育（yùn yù）：这里用来比喻酝酿着新生事物。

销声匿迹（xiāo shēng nì jì）：不再公开讲话，不再公开露面。这里指昆虫无声无息、无影无踪。

衰草连天（shuāi cǎo lián tiān）：形容荒草遍地，极其凋敝的样子。

风雪载途（fēng xuě zài tú）：一路上都是风雪交加，形容旅途艰难。

周而复始（zhōu ér fù shǐ）：转了一圈又一圈，一次又一次地循环。

活动三：四字短语赏析。

"次第开放"用得好，表现了各种春花的陆续绽放。

"销声匿迹"形象地表现了昆虫的无声无息、无影无踪。

"衰草连天"写出了深秋景象的荒凉，富有画面感。

"风雪载途"生动地表现了严冬到来的酷寒。

"周而复始"用得好，概括了有规律的自然现象……

活动四：本段作用阐释。

活动五：全段整体背诵。

创新的语用课型

所谓课型的创新设计，指的是创造专门的"课"来落实某个方面的有力度有深度的课中训练。比如"语言学用课型"，就是一种全新的阅读教学课型。在这种课型之中，淡化了繁琐的分析、讲析，集中力量突现语言的积累与学用。如《大雁归来》的"语言学用课"的教学创意：

入课之后，介绍作者、文体等背景知识。

语言学用训练活动之一：字词训练。

趣味话题：一组字词又一组字词。

请同学们从任意角度对字词的组合进行发现，如下面就是一组：

燕子　大雁　主教雀　花鼠　乌鸦　棉尾兔　田鼠　环颈雉　沙锥鸟　猫头鹰　半蹼鹬　红翅黑鹂　黑脸田鸡

同学们自读课文，进行发现，并介绍给大家。

老师从难读的字、表示大雁"说话"的词语、文中短语等不同的角度，给同学们展现一组又一组的字词，进行字词积累教学。

语言学用训练活动之二：概说训练。

趣味话题：一个句子又一个句子。

教师出示要求：请同学们试用一个短语说说作者笔下的大雁：_____的大雁。

同学们观察课文内容，进行说明：

3月的大雁

从南方归来的大雁

春天的大雁

宣告新的季节来临的大雁

直线飞行200公里的大雁

以家庭为主要组成单位的大雁

每年一度进行迁徙的大雁

每年三月，都要吹起联合的号角的大雁……

教师小结，学生在课文中进行批注。

语言学用训练活动之三：描述训练。

趣味话题：一次描述又一次描述。

请同学们根据话题，结合课文内容，自选角度，以"春雁生活剪影"为题，作一次描述。

同学们进入课文，研读课文，寻找材料，动笔写作，课中交流。

1. 3月的大雁回来了。它们顺着弯曲的河流拐来拐去，穿过现在已经没有猎枪的狩猎点和小洲，向每个沙滩低语着，如同向久别的朋友低语一样。它们低低地在沼泽和草地上空曲折地穿行着，向每个刚刚融化的水洼和池塘问好。

2. 我们的大雁又回来了。在沼泽上空做了几次试探性的盘旋之后，它们白色的尾部朝着远方的山丘，慢慢扇动着黑色的翅膀，静静地向池塘滑翔下来。一触到水，我们刚到的客人就会叫起来，似乎它们溅起的水花能抖掉那脆弱的香蒲身上的冬天。

3. 当大雁冲破了3月暖流的雾霭时，春天就来到了。第一群大雁一旦来到这里，它们便向每一群迁徙的雁群喧嚷着发出邀请。不消几天，沼泽地里到处都可以看到它们的倩影。

……

这个课例的教学内容，全是"语言学用"的训练内容。从这个角度来看，每篇课文都可以是教师眼中语言学用教学的宝贝。

聚焦语用，设计灵动多姿的语言学用训练活动，创新无限，是真正有效的教学设计。由此我们要牢牢记住语文新课标的有关"叮嘱"：语文课程在推广普及国家通用语言文字、增强凝聚力、铸牢中华民族共同体意识、建立文化自信、培育时代新人、实现中华民族伟大复兴等方面具有不可替代的优势。语文课程的多重功能和奠基作用，决定了它在九年义务教育中的重要地位。

让我们一起加强对语言学用训练的教学研究，使之真正成为有效阅读教学的关注点。

3. "任务"与"实践"，课堂教学之关键

语文新课标的颁布，最需要引起一线语文教师深深思考的内容是什么？是"任务"与"实践"。

一、"任务"与"实践"

这是需要我们在语文新课标背景下关注如何提升课堂教学质量的两个关键词，也是评价好课的重要视点。

"任务"一词告诉我们，学生的语文核心素养，必须在不断地完成训练任务之中才能逐步形成；而完成任务的过程，就是学生亲历实践的过程，离开了实践，则无法完成学习任务。

所以语文新课标规定了义务教育阶段学生的语文学习内容——学习任务群；同时指出，语文课程"以促进学生核心素养发展为目的，以识字与写字、阅读与鉴赏、表达与交流、梳理与探究等语文实践活动为主线，综合构建素养型课程目标体系"。

如果从语文新课标所制定的"学业质量"标准的角度来看，我们更可以知道语文课程对于学生训练的要求是非常高的，如初中阶段文学作品阅读能力的训练标高：

广泛阅读古今中外的诗歌、小说、散文、戏剧等文学作品，在阅读过程中能把握主要内容，并通过朗读、概括、讲述等方式，表达对作品的理解；能理清行文思路，用多种形式介绍所读作品的基本脉络；能从多角度揣摩、

品味经典作品中的重要词句和富有表现力的语言，通过圈点、批注等多种方法呈现对作品中语言、形象、情感、主题的理解。能分类整理富有表现力的词语、精彩段落和经典诗文名句，分析作品表现手法的作用；能从作品中找出值得借鉴的地方，对照他人的语言表达反思自己的语言实践；能通过对阅读过程的梳理、反思，总结不同类型文学作品的阅读经验和方法……

如果没有教师的严格训练，没有学生在学习过程中长期艰苦的实践，其能力层次根本没有可能达到上述这样的高度。课堂上那种浅层次的课文解读教学，在这样的训练要求面前，只能是缘木求鱼。

所以，安排学生的学习任务与组织学生的实践活动，是让我们克制陈旧的教学习惯与简单的教学方法的极为重要的关键。

实践获真知，实践练能力。学生有真正"实践活动"的阅读课才是高效的。

为了让所有的学生都能够得到优质的语言学用训练，为了让所有的学生都能够受到扎实的读写基本能力的训练，就需要教师设计让学生人人参与的真正的课中实践活动。

这一点，语文新课标也早已明确地告诉过我们：语文课程是实践性课程，应着重培养学生的语文实践能力，而培养这种能力的主要途径也应是语文实践。

什么是学生的课中实践活动？

对于学生课堂实践的问题，语文新课标同样说得非常清楚：应该让学生多读多写，日积月累，在大量的语文实践中体会、把握、运用语文的规律。

这里所说的"实践"，不是指课堂上教师碎问学生碎答的教学过程，也不是指在频繁的所谓"小组合作"中让学生自由地说话，更不是指浪费学生大量的课外时间进行充分的"预习"，然后在课堂上进行所谓"展示"的虚假活动。

课中实践活动，就是指学生集体参与的以积累学用语言、训练读写技能、习得语文知识为重要目的的课中训练活动。如：课文朗读、认字识词、美词积累、句段摘抄、语言品析、课文批注、文意概说、故事复述、文思分析、比较阅读、人物评说、手法欣赏、诗文读背、片段精读、美点欣赏、专题阅读、专项训练、课文作文、创新微写等。

学生的课堂实践活动有如下明晰的特点：

1. 重在读写，有明确的学习任务、活动要求与抓手。

2. 所有学生在课堂上都参与了思考、读析、欣赏、背诵、写作等训练过程。

3. 老师不进行零碎的提问，而是让每位学生在独立的动手动脑中完成课堂学习任务。

4. 教学活动的形式与内容丰富多彩，其目的都是为了学生的语言学用和读写能力训练。

正因为课堂实践活动是着眼于学生语言学习积累和读写技能提升的有效训练活动，所以，好课应该注重学生充分的实践活动；好课应该让所有的学生在严格的历练中成长，每一节课都应该让学生在课堂上真有收获、大有收获。

教师设计与组织学生课中实践活动的基本理念与教学技法是什么？

1. 教师要有充分安排学习任务、设计学生实践活动的坚定理念。

2. 教师要有智慧地利用教材、课文中的教学资源的意识和技能。

3. 运用"板块式"教学思路，每节课都设计几次以训练为目的的课中活动。

4. 运用"主问题"活动方式，以"主问题"来形成学生需要完成的训练任务。

5. 课堂上的每次活动必须确保对每位学生而言都有"时间的长度"。

6. 需要关注全班学生的全员参与，进行"集体训练"，使学生的"受益面"最大。

从反面而言即是：克制"碎问"，杜绝花样手法。凡碎问式教学，花样翻新的"非阅读活动"，都会让学生完成学习任务、进行课中实践活动的机会损失殆尽。

安排学生的学习任务，设计学生的课堂实践活动，考验着每一位语文教师的教学理念、专业水平和教学能力。一堂课，教师既能充分挖掘与利用课文的教学资源，又能利用课文资源设计学生全员参与的课中实践活动，特别关注语言的积累与学用训练，以及读写基本能力训练，这就有了大大高于零碎提问式教学的训练目标，这才是大面积课堂日常教学所要追求的基本教学高度。只有真正让学生在课堂上多读多写，学生才能享受到优质的课堂训练。

二、案例呈现

下面举例说明。

案例之一：七上《观沧海》的教学

课始导入，教师出示单元训练目标，学生朗读。

进入教学环节一：课文初读。

任务：自读课文，自读课文注释，自读自讲自己理解到的诗句内容；教师出示有关知识内容的介绍，学生做好有关内容的学习笔记：作家、创作背景、乐府诗、山水诗、建安风格、四言诗、画面之美、意境之美……

进入教学环节二：课文读背。

活动：在教师的指导下学生朗读、背诵本诗；在反复的朗读中读准字音、把握语速、读清节奏、渗透情感；顺势背诵积累。

进入教学环节三：诗境描摹。

要求：动笔微写，描述本诗内容，师生交流——

东行登上碣石山，来观赏大海。

海水多么宽阔浩荡，碣石山高高耸立。山上树木丛生，百草丰美繁茂。秋风飒飒，海上涌起巨大的波涛。

日月的运行，好像是从这浩森的海洋中出发。银河星光灿烂，好像是从这浩森的海洋中产生出来。

真是幸运极了，我要用歌唱来倾吐我的感慨。

进入教学环节四：诗句品析。

要求：分层评点，学习运用一定的分析语言。

教师示例：东临碣石，以观沧海。——点明地点。一个"观"字，引领全诗的主要内容。

学生人人动笔批注，课中交流，教师小结。

案例之二：八上《我为什么而活着》的教学

课始，介绍课文作者、课文文体知识，交代这是一节自读训练课。

学习任务一：课文速读，字词积累。

实践活动设计：请同学们分类梳理课中字词，丰富自己的语言积累。

读准字音：

遏（è）制　飓（jù）风　肆（sì）意　濒（bīn）临　震颤（chàn）
俯瞰（kàn）　呼号（háo）　流转（zhuǎn）

写好字形：

遏制　飓风　肆意　濒临边缘　震颤　俯瞰　深渊　星辰　流转
云霄　嘲讽

识记短语：

不可遏制　濒临绝望　冰冷死寂　深不可测　闪闪发光　万物流转
无能为力　深受其害

学习任务二：课文朗读，情感体味。

实践活动设计：请同学们这样进行朗读体味——用深情叙说的语气语调朗读，读清楚全文和各段中的层次，反复朗读体味第4段的作用并顺势背诵。

学生各自完成本次学习任务。

学习任务三：自由品析，审美阅读。

实践活动设计：各自默读课文，自由品析本文的表达之美。

学生课中活动，教师进行活动小结：

本文是一篇哲理散文，披露作者的思想历程，讲述人生感悟，给人以思想的启迪。全文呈总分总结构，表现出章法之美；运用"三"的写作思维，呈现出结构之美；语言凝练生动，展现出抒情之美；内容层层深入，显现出立意之美。

案例之三：九上《敬业与乐业》的教学

课始进行教学铺垫，介绍议论文写法知识，认字识词。

实践活动一：完成课后练习一的训练任务——认真阅读课文，说说作者提出了什么论点，又是从哪几个方面进行阐释和论证的。

学法指导：圈画关键句，发现彼此之间的关联与照应。

所有学生参与完成任务的实践活动，课中发言。

教师小结：

《敬业与乐业》是一篇演讲词，"敬业与乐业"是全文的论题。

课文的第一部分（第1段）提出了"'敬业乐业'四个字，是人类生活的不二法门"这个中心论点。

在文章的第二部分，作者从"有业""敬业""乐业"三个方面进行了阐释和论证。"敬业与乐业"的前提是"有业"，论说"有业"，是为论说"敬业"与"乐业"所进行的铺垫。

接着作者利用两个分论点"第一要敬业""第二要乐业"展开了论证。这两个分论点严密、有序地照应着文章的标题和中心论点。

学生核对、修正自己的学习所得。

实践活动二：精读课文中的重点片段，完成课后练习二的训练任务。

教师点示课文的重点内容：第一要敬业、第二要乐业这两个部分。

出示学生的实践任务：根据这两部分的内容，例说本文所使用的论证方法，概说本文的语言特点。

学生细读课文中这两个重点部分的内容，举出文中例证，表达自己的观点，师生对话。

教师小结：

本文运用了举例论证、对比论证、道理论证、比喻论证等论证方法阐释了自己的观点。本文的语言特点表现在三个方面：口语特色分明，如话家常；大量引用经典、格言；在演讲的过程中，常常使用某些词语或句子来推进论证过程或转换话题。

学生据此做好课中笔记。

实践活动三：训练自己的梳理提炼能力，增加自己的语言积累，抄写作者笔下所引用的美句。

学生动笔，进行梳理、抄写：

安其居，乐其业。——老子

百行业为先，万恶懒为首。——梁启超

主一无适便是敬。——朱熹

虽天地之大，万物之多，而惟吾蜩翼之知。——庄子

坐这山，望那山，一事无成。——曾国藩

用志不分，乃凝于神。——庄子

素其位而行，不愿乎其外。——孔子

知之者不如好之者，好之者不如乐之者。——孔子

其为人也，发愤忘食，乐以忘忧，不知老之将至云尔。——孔子

以上三个课例，出自于三个不同的年级，有着不同的文体特点，篇幅长短不一，但它们都真正地做到了根据单元训练的要求，安排学生的课中训练任务并组织了学生集体参与课中实践活动，基本上达到了语文新课标所要求的识字与写字、阅读与鉴赏、表达与交流、梳理与探究等实践活动的开展，学生也真正有了经受训练之后的收获。

上述教例之中，设计与安排的都是学生自奋其力的实践活动。学生的训练收获，永远不是"零碎提问"式的教学所能企及的。它们告诉我们，设计学生的课中实践活动：一是要有明确具体的角度、精致的训练目标及任务；二是要有成形的学生集体活动，且学生的集体活动一定要有时间的长度。

能够让所有学生参与的有真正"课中实践活动"的阅读课才是高效的。

在语文新课标背景下，"任务"与"实践"，是任何课文的课堂有效阅读教学的关键。

4. "板块式"思路的教学魅力

凡课堂教学，都要讲究思路的顺畅与清晰，简明、实在、有效、步骤清晰的课堂教学应该成为常态。这就需要教学思路的创新设计，在这个方面，最好用、最实用、最管用的创新思路是"板块式"教学思路。特别是在语文新课标所安排的学习任务群的教学背景之下。

我们可以从不同的角度来了解阅读教学中的"板块式"教学思路：

1. 它以"教学板块"来整合学习内容、形成教学流程、结构课堂教学。

2. 在一节课或一篇课文的教学中，它有序地安排几次呈"块"状分布的教学活动，呈现出一种层进式的教学造型。

3. 它的教学过程清晰地表现为"一步一步地向前走"，其课堂教学内容明显地表现为"一块一块地来落实"。

4. 它的每个板块都着眼于一次课堂训练活动，于是每个板块都好像是一个"小课"或者"微型课"。

5. 它的每个教学板块都着眼于学生的课中实践活动，每个教学板块中的内容其实就是学生的学习任务。

6. 它的本质特点是设置与安排学生在课堂上的训练任务，并注意活动形式的协调与变化。

7. 它的每个教学板块在进行中的内在驱动力是"主问题"，非常鲜明地表现出"学生活动充分"的教学境界。

8. 它所表现出来的外部特征是教学结构明晰，所表现出来的内部特征是教学内容优化。

9. 它是一种教学设计的理念，一种策划课堂教学进程的思维方式，一种教材处理的手法。

10.它的"板块"组合形式非常丰富，可以充分地表现教师设计教学时的技艺、创新意识与审美意识。

11.它的运用意义不仅仅是形成了学生的课堂实践活动，还能够有力地提升教师研读教材的能力、提升教师提炼与运用教学资源的能力。

12.它富有力度地改革了以零碎提问为主的教学，代之以教学内容灵动、教学线条简洁、教学板块清晰、教学步骤明朗、学生活动充分的教学安排。

13.它的创立与运用，为改变俗套而古老的思路和混沌低效的教学开辟出一条宽阔的道路。在日常阅读教学中，它讲究教学过程的流畅之美，讲究教学内容的组合之美，讲究师生双方的活动之美，特别讲究学生课中实践活动的丰富与灵动，所以表现出高效、优美的教学魅力。

一、"板块式"教学思路，是最好用的教学思路

它简洁明了，层次分明，线条简洁，步骤明朗，"老少咸宜"，适用于任何课文的阅读教学与训练，适用于广大一线语文教师改变教学习惯、优化教学形式。

如课文《散步》的教学创意：

课始，进行课文学习的背景铺垫，顺势进行字词积累教学。

活动一：课文朗读，运用诗意的语言概说文意。

活动二：美句赏析，自由品析文中美句的深情。

活动三：手法欣赏，赏析景物描写的美妙作用。

活动四：背诵积累，品味最后一段的丰美意味。

此课的教学由四个教学板块构成，思路明朗清晰，角度变化有致。每个板块都是一次目标明确的课中训练活动。活动一，意在全文朗读的基础上进行文意把握的训练；活动二，品析句子表达之美的训练活动；活动三，进行选点精读，欣赏文中景物描写的表达作用与表达效果；活动四，背诵课文最后一段并据此品味其体现出来的隽永意味。

再如诗歌《祖国啊，我亲爱的祖国》的教学创意：

课始简洁导入，介绍作家作品以及本诗的写作背景。

美美地听读：反复聆听教师或专家的吟诵。

美美地朗读：教师示范并训练同学们诵读。

美美地品读：品析与欣赏本诗的表达艺术。

美美地背读：深情地朗读并当堂背诵课文。

此课的教学也由四个教学板块构成，每个板块中都有一次训练活动，"听读""朗读""品读""背读"的训练活动形成灵动清晰的教学思路，每次活动都指向明确，要求具体，审美的意味浓郁，活动的设计有着明显的提升学生语文素养的训练作用。

以上两例教学创意以及思路清晰的教学设计，因为简洁明晰，顺序井然，可操作性强，语文教师都可以把握与运用，这就叫作"好用"。用到课堂上，学生则可以更多地受益。

二、"板块式"教学思路，是最实用的教学思路

它可以自然流畅地用于单篇课文教学，同样也能用于双篇比读、多篇联读、单元复习的教学以及课文精段的品读。它适用于任何文体课文的教学，也适用于教读与自读课文的教学。它的实用，表现于用途广泛；它之所以实用，全在于它是用来设计学生的课中实践活动的。

下面是七上第一单元复习课的教学思路设计：

1. 牢记一点文学知识。

2. 重温一批美字雅词。

3. 摘抄一组描写美句。

4. 读背品析一个精段。

5. 吟诵赏析一首古诗。

一节课中有五个教学板块，角度精致，内容纯美，任务明确，美感充

沛。在"双减"背景下，这样的教学比"单元测试"更丰厚。

下面是《孔乙己》第4段（孔乙己是站着喝酒而穿长衫的唯一的人）的精段赏析训练的教学思路：

活动一：根据文段内容概写人物特点。
活动二：品析欣赏细节描写的表现力。
活动三：揣摩"伤痕"这个词的作用。

这个精段阅读课运用三个教学板块设置了学生三次文学欣赏的训练活动，条理清晰，层层推进，有读有写，由段及篇，显现出活动形式丰富的教学美感。

三、"板块式"教学思路，是最管用的教学思路

它之所以管用，是因为它专注于学生的课堂实践活动，专注于学生的训练与积累，表现出省时高效的"性格"特点。它为什么能够省时高效，是因为它着力回避了"碎问"式教学的陋习，阻止了肤浅教学的路径，从而让每一个教学板块都有具体的训练活动目标。它之所以最管用，是因为每节课都有几个教学板块，每个板块都是一次学习任务，能分别实现几次角度不同的训练，绝非那种一问到底的、形式单调且训练目标模糊的教学。

下面是自读课文《周亚夫军细柳》的教学创意：

课始进行背景铺垫；介绍作家作品；学生听读课文。

自读活动之一：细细地认读理解字词。

同学们首先各自朗读课文，然后细读课文注释；其次读准有关字音；最后突破难点字词。顺势自读自讲，教师出示全文译文，学生朗读。

自读活动之二：反复地朗读、体味全文。

教师范读，反复指导学生朗读课文，读得准确顺畅，读清句子结构，读出轻重缓急，读好人物语气。

自读活动之三：深入地品读欣赏手法。

话题：欣赏品味细节，阐释写法，举例说明课文的精彩之处。

教师示例，学生静读，师生交流，教师小结——

《周亚夫军细柳》写法欣赏：点示严峻的战争形势背景；在特定场景中描写故事的短暂瞬间；在"对比"的手法之中表现人物的"严"；用反复的衬托突现人物的"真"；运用了渲染情景氛围的手法；将故事情节写得波澜起伏；细节的描写真切，处处都有表现力；"此真将军矣"，是全文的点睛之笔。

此课三个教学的板块，突现自读训练，逻辑层次分明，认读活动、朗读活动、品析活动一气呵成，学习内容处处落实，课堂时间全部用于所有学生的自读训练，因此很管用。

"板块式"教学思路，让课堂教学过程清晰而又简明，让教学重点突出而又内容丰厚，让学生的课堂实践活动充分而又深入。

它，既是科学的，又是艺术的。

5. "主问题"引领着课堂实践活动

下面是教学美文《散步》时可供选用、组合的若干训练话题：

1. 给这篇美文再拟一个标题。
2. 用一个富有诗意的句子概说文章的内蕴。
3. 以"深情渗透在这一句"为话题，品析文中美句。
4. 品析"这南方的初春的田野"段的美感与作用。
5. 发现课文中"照应"手法的运用。
6. 结合文意诠释课文末段的优美含义。
7. 整理一份"分类式"的课文语言积累笔记。
8. 微文写作——好美的一个家。

这些话题表现出来的，就是"主问题"教学手法的运用。面对上述每个话题或每项任务，每位学生都得在反复研读、认真揣摩课文内容之后才能进行阐释或表达。这样的话题设计有利于学生课堂实践活动的开展，有利于每个学生的自主学习、独立思考、解决问题、获得真知。

教学美文《散步》时，可设计一个课时的"阅读赏析，能力训练"教学方案：

课始，导入，铺垫，字词学用积累。

课堂训练活动一：品情。

学生进行课文听读、朗读。

品析话题：深情渗透在这一句。

课堂训练活动二：赏景。

学生读背课文中"田野"描写的精彩片段。

品析话题：景物描写的作用真美好。

课堂训练活动三：析意。

学生反复朗读课文最后一段。

品析话题：这一段文字的意味在于……

这个教学创意，是典型的"板块式"思路、"主问题"活动方式和"诗意"手法的运用。课堂活动中的每个品析话题，都能牵动学生对全篇文章的反复阅读与品析。

这种能够引领学生深深进入教学内容的"提问""问题""话题""任务"或"活动"，就是"主问题"。

结合《散步》的教学，我们先回味一下"板块式"教学思路：

这种教学思路呈"板块"状而又灵活多姿、组合丰富，可以充分地表现教师教学设计的技艺、创新意识与审美意识。在阅读教学中运用"板块式"思路，能够使教学结构更加清晰，使教学内容更加优化，使教学过程更加生动。它像一个小小的魔方，各种组合都充满对学生进行课堂训练的新意。

结合《散步》的教学，我们再细细感受一下"主问题"的活动方式：

"主问题"设计与"板块式"思路相辅相成、相得益彰，其魅力表现于课堂阅读教学中"牵一发而动全身"的作用，以及对学生阅读品析实践活动的引领。"主问题"在教学中能够形成时间比较长的朗读活动、思考活动、品析活动、交流活动、写作活动。用几个"主问题"组织起几次教学活动，一般来说就是几个教学的板块。这是一种自然而美好的课堂教学状态。

下面这些教学中的"主问题"设计，都有引领学生进入课中实践活动的力量。

《春》：对课文进行"美点赏析"。

《走一步，再走一步》：勾画出表现"我"心理变化的语句，归纳课文中的"心理描写"五法。

《孙权劝学》：展开想象，增补一些情节，把这篇短文改写为一个故事。

《驿路梨花》：任选课文内容进行赏析与阐释，品味其表达作用与表达效果。

《狼》：小说手法赏析。

《与朱元思书》：动笔描述文中的"独绝"山水。

《壶口瀑布》：品析本文的"布局谋篇"之美。

《苏州园林》：整合文中句子，阐释"苏州园林"的建筑特点。

《核舟记》：写微文，阐释雕刻者高超的技艺主要表现在哪些方面。

《三峡》：请同学们从"画面之美"的角度积累本文的佳词美句。

《回延安》：说说诗人是按照怎样的线索来抒发自己的情感的。

《沁园春·雪》：请同学们欣赏这首词语言表达的美感。

《故乡》：品析人物肖像描写对于表现中年闰土的作用。

《变色龙》：想一想，说一说，小说情节的最后为什么要写到"将军家的厨师"。

《孔乙己》：孔乙己"挨打"描写品析。

《我的叔叔于勒》：试将课文分为两个部分，赏析每个部分的表达作用。

《智取生辰纲》：品析"枣客"的描写之妙……

对于上述任何一个话题，没有任何学生能够立即回答"是"或者"不是"；上述任何一个话题，都能够让学生阅读、思考、圈画、批注、整合、动笔、表达。

据此，我们对于课堂阅读教学的"主问题"，可以有如下的认识与理解：

所谓"主问题"，是相对于课堂上随意的连问、简单的追问和习惯性的碎问而言的。它是课文阅读教学中能引导学生对课文整体地、反复地阅读的重要的活动设计，往往以"话题""任务""活动""要求""建议"等形式呈现，而真正"提问"的频率却很低。这些不带问号的"话题""活动"之类，其实是设定了让所有学生动脑动手的活动方式，从而显现出学生课堂活动的高雅形式，以及对课文进行阅读品析的丰富角度。

"主问题"的科学性能够形成学生的课堂实践活动，"主问题"的艺术性可以用于课中的各种不同的训练活动。

"主问题"是引导学生对课文进行深入研读的重要问题、中心问题或关键问题。"主问题"研究与运用的重要作用在于大量减少日常教学中教师的"碎问"和学生的"碎答",从而形成对学生非常有训练力度的课堂活动。

在以"主问题"为线索的阅读教学中,由于一般性提问的"量"大大减少,课堂学习活动以学生的读、写、说、思为主要成分,课堂气氛因此而显得生动活泼。"主问题"能制约课堂上无序的、零碎的、频繁的问与答,能有效地克服肢解课文、一讲到底、零敲碎打等种种教学弊端,能遏制教师的过多讲析,让学生真正成为课堂实践活动的主体。

研究怎样设计能在阅读教学中起主导作用、支撑作用,从整体参与性上引发学生思考、讨论、理解、品味、欣赏的"主问题",于语文教师而言,既是理念的提升,也是教学水平的提高。

下面的阐释,能够帮助我们更好地设计阅读教学中确有质量的"主问题":

"主问题"是经过概括、提炼的,"主问题"的教学设计对教师研读教材的水平和提炼训练内容的能力提出了专业素养很高的要求;"主问题"的广泛运用将从大面积上改变语文教师陈旧的课堂提问习惯。

"主问题"有利于课堂上大量实践活动的开展,有利于简化教学头绪,强调内容综合;"主问题"出现在课堂上,是活动的"预设";由"主问题"而引起的课堂活动,是课中的"生成"。

由几个"主问题"组织起来的课堂阅读活动呈"板块式"结构,每一个"主问题"在教学过程中都具有形成一个教学板块的支撑力,都具有让学生共同参与、广泛交流的凝聚力。

"主问题"最大的教改作用就是能用精、少、实、活、美的训练话题激活课堂、创新教学;学生在"主问题"引导下的阅读探究,体现了自己观察问题、分析问题、解决问题的思维过程,习得了思考的方法、学习的技巧与表达的技能。所以,对"主问题"的研究,实质上是对课堂教学最关键的"学生活动设计"的研究。

下面是《范进中举》教学时可选用的品析话题:

1. 范进人物形象评说。

2. 范进"疯态"细节描写欣赏。

3. 胡屠户语言描写、动作描写品析。

4. 课文的第5段与第8段精读品析。

5. 本篇小说中的"波澜"欣赏。

6. 文中对比与照应手法例说。

7. 故事中的"反常"笔法欣赏。

8. 课文中的场面描写品析。

9. 范进卖鸡描写欣赏。

10. 张乡绅话语品析。

11. 课文中的夸张手法赏析。

再看看鲁迅小说《祝福》教学时可选用的赏析话题：

1. 例说《祝福》的反复手法。

2. 祥林嫂脸色描写欣赏。

3. 祥林嫂眼睛、眼神描写赏析。

4. 《祝福》中"下雪"描写的表达效果品析。

5. 探析"祥林嫂被卖到贺家墺"的表达作用。

6. 小说中为什么要写"小叔子"和"大伯"？

7. "柳妈"形象评析。

8. 祥林嫂关于"阿毛之死"的语言描写赏析。

9. "捐门槛"片段的笔法赏析。

10. 《祝福》的章法结构之美欣赏。

在这样充满文学之味的话题面前，在这样有力度的训练学生阅读技能的活动面前，可以清晰地感受到：语文教师的教学理念有多么重要，语文教师的专业水平有多么重要，语文教师的教学技能有多么重要。

艺术地运用"主问题"的活动方式，创新课堂教学中的提问设计，时不我待。

6. 尝试运用阅读教学中的诗意手法

教学设计的艺术,追求这样的境界:理性思考,诗意手法。

教学设计要求充分表现教师的理性思考,这种理性思考不是单一的、平面的,而是多角度的、多层面的。教学设计同样要求表现教学中的诗意,就语文阅读教学而言,这种诗意主要指教学设计的思路美,教学活动的情味美;特别是教学过程中细节的美,即教师在教学的某一细节、某一步骤里面酝酿的具有文趣、具有美感、具有实践性、具有浓浓语文味道的教学意境。

一、诗意手法

语文课堂阅读教学中的诗意,主要是针对学生的学习活动而言,让学生在一种高雅美好、富有情趣的语文环境中生活,不仅仅只是有利于提高学生的知识文化品位,更重要的是一种审美习惯的培养,一种健康性格的养成。

为此,就需要教师运用艺术的教学手法。

所谓"教学手法",就是教学之中由教师运用的技巧、手段、方法。其内涵非常丰富,如:

学法式手法:以课文为学法实践的载体,强调学生的自学,突现学习方法的训练。

创编式手法:从"写"的角度运用课文,读中有写,写中有读,有读有写,读写结合。

情境式手法:创设一定的教学情境,让学生在恰切的虚拟情境中进入角色,开展学习活动。

联读式手法：从某篇诗文扩展开去，进行一次多篇式教学，或扩读，或比读，或专题研讨，或集中感受某种风格，或重点了解某种文化知识。

穿插式手法：在教学中适时地、有机地穿插与课文学习有关的若干资料，以增加教学内容的厚度。

赏析式手法：用美点寻踪、妙点揣摩、妙要列举的方式，由学生对课文中的艺术形象、表现手法、描写方式、词语句段等进行自主的合作的阅读欣赏活动。

迁移式手法：将教学内容迁移到非课文教学中去，给课文教学增添更浓厚的情感色彩或思想色彩。

……

可以说，"诗意手法"，指课堂教学活动设计中，角度的细腻精巧，教学视点的单纯，教学结构的匀称，教师语言的生动准确、简洁雅致；也指教学的内容及过程有美感，有情趣，有审美的意味，有活动形式的变化，有创新的教学细节，有教师优雅的课堂指导等。

课堂阅读教学中的诗意手法，能够让学生爱学、乐学、趣学，也是语文教师教学艺术修养的真实表现。

运用这些教学手法的基本出发点，就是有利于、有益于学生在大量的语文实践中学习运用语文的规律。离开了这一点，就无所谓创新设计。

运用这些手法的艺术性要求，就是要有诗意，要高雅、美好、益情益智。

在阅读教学设计艺术中，诗意手法是前沿。

二、诗意手法的教学运用

要研究阅读教学设计的艺术，需要着力研究诗意手法的教学运用。

诗意地勾勒教学思路

即使是着眼于教学设计的"宏观"策划，即使是着眼于教学流程的安排，也要精心斟酌，精致表达。

如人教大纲版"第一册第三单元单元复习课"教学过程的策划：

1. 记住一点常识。
2. 识记一批雅词。
3. 品味一组奇字。
4. 读背一些美句。
5. 重温一个精段。
6. 学习一种妙思。

这次课思路清晰，组合精要，语言讲究，由"常、雅、奇、美、精、妙"六个字所引出的单元复习的教学活动是前人没有做过的，创意新颖独到，教学生动。

诗意地勾勒教学思路，其实是设置一种美好的教学情境，这种美好的教学情境直接濡染着学生的学习情绪，调动着他们投入的热情。

诗意地提炼教学内容

也就是让课堂教学的内容表现出、洋溢着一种雅致的气息，给学生以诗意的感觉。如上述人教大纲版"第一册第三单元单元复习课"中，对第3、4两个教学板块的学习内容进行了提炼与安排：

第三，品味一组奇字。

在本单元中，学习内容之一就是理解词语在上下文中的含义和作用，看看它们是怎样为作者表情达意服务的；要揣摩精彩的词语、句子和段落。下面，我们就在"揣摩精彩的词语"上下下功夫，看句中的加点的动词为什么用得好，它们分别写出了什么。

①小草偷偷地从土里钻出来，嫩嫩的，绿绿的。
②花下成千成百的蜜蜂嗡嗡地闹着，大小的蝴蝶飞来飞去。
③人家屋顶上全笼着一层薄烟。
④树叶儿却绿得发亮，小草儿也青得逼你的眼。
⑤山尖全白了，给蓝天镶上一道银边。

⑥山坡上卧着些小村庄，小村庄的房顶上卧着点雪。
⑦月亮从那平静的大海里涌了出来。
⑧高粱说：秋是红色的，我就是叫秋气染红的。

第四，读背一些美句。

单元提示要求我们，学习这个单元，要做适当的摘录。摘录是一种学习习惯，也是一种学习方法，它可以使我们在"积累"中受益。结合本单元的教学内容，我们应该重点地摘录有关自然景物描写的美句，同时顺势引导学生背诵下来。

摘录应当动脑筋，要注意巧变角度。我们要注意改变自然而随意地摘录的习惯，而代之以科学的分类摘录。下面，老师点示8种分类摘录的角度，每位同学任选一种，进行对课文美句的摘录工作。

①春夏秋冬　②风花雪月　③山水草木　④声光色味　⑤红黄绿蓝
⑥日月星霞　⑦动静刚柔　⑧晨午暮夜

例如老师从"声、光、色、味"的角度摘录的一组句子：

声：呵！海滩上，居然有这么多的人在乘凉。说话声、欢笑声、唱歌声、嬉闹声，响遍了整个海滩。

光：围绕在海港周围山坡上的那一片灯光，从半空倒映在乌蓝的海面上，随着波浪，晃动着，闪烁着，像一串流动的珍珠，和那一片片密布在苍穹里的星斗互相辉映，煞是好看。

色：红的像火，粉的像霞，白的像雪。

这块水晶里，包着红屋顶，黄草山，像地毯上的小团花的小灰色树影；这就是冬天的济南。

味：花里带着甜味儿；闭了眼，树上仿佛已经满是桃儿、杏儿、梨儿。风里带来些新翻的泥土的气息，混着青草味儿，还有各种花的香，都在微微润湿的空气里酝酿。

……

这样的提炼，角度别致，材料精细，充分利用课文的美质，既训练学生的能力，又增加学生的积累，同时给学生带来文气、美感。

诗意地提炼教学内容，对教师的课文研读提出了很高的要求。没有这种诗意的提炼，很多美好的教学创意，如"妙点揣摩""美点寻踪"都将无法展开。

诗意地安排教学活动

教学活动，是一切课堂教学的生命线，没有活动就没有成功的课堂教学。

语文阅读教学课堂活动的主要类型可概括为如下八个方面，这也是我们常用的设计角度：表情诵读活动，分析概括活动，语言学用活动，品读欣赏活动，探究发现活动，话题讨论活动，课文创编活动，思绪放飞活动。

课中活动的设计艺术，是一种使教学生动的艺术，是一种使学生自然地自觉地经受历练的艺术。语文课上应有学生活动时间较长的训练充分的朗读活动，应有学生活动充分的处理手法细腻的品析活动，应有目标比较明确的能力训练活动。所以，精心思考，诗意策划，安排生动活泼的读、听、说、写、思的课堂活动，就成了教学设计中极其重要的大事。

诗意地安排教学活动，意味着让教学活动中的每一个细节都富有诗意。这就需要我们反复酝酿。

如《紫藤萝瀑布》的教学创意：

第一个教学板块：感受美——朗读美文。

主体活动：情感朗读。

同学们大声朗读课文，初步感受美文。

老师精选课文内容，用"主持人"的形式引领同学们跳读课文，同学们再次感受美文。

同学们自选喜欢的内容，有情感地出声朗读课文。

第二个教学板块：发现美——品读美文。

主体活动：美点欣赏。

请同学们品读课文，举例说明这篇课文中的美。

可从美词、美句、美段、美的手法、美的内容、美的结构等方面各抒己见。

教师评价学生的活动，并整合提炼出全文的精华：

花之美——生命如此辉煌灿烂。

情之美——生的喜悦荡漾心头。

意之美——生命长河永无止境。

第三个教学板块：欣赏美——聚集美句。

主体活动：课中集美。

请同学们从全文中提炼出一篇微型美文并诵读、记背。

从未见过开得这样盛的藤萝，只见一片辉煌的淡紫色，像一条瀑布，从空中垂下，……紫色的大条幅上，泛着点点银光，就像迸溅的水花。

每一穗花都是上面的盛开，下面的待放。……每一朵盛开的花像是一个小小的张满了的帆，帆下带着尖底的舱。船舱鼓鼓的，又像一个忍俊不禁的笑容，就要绽开似的。

我伫立凝望，抚摸了一下那小小的紫色的花舱，那里满装生命的酒酿，它张满了帆，在这闪光的花的河流上航行。

这里除了光彩，还有淡淡的芳香，梦幻一般轻轻地笼罩着我。我觉得这一条紫藤萝瀑布不只在我眼前，也在我心上缓缓流过：生命的长河，是无止境的……

这个教学创意中运用了"引读"的手法，"欣赏"的手法，"诗意小结"的手法，特别运用了指导学生"课中集美"的手法，每一次课堂活动都荡漾着诗意，这样的课堂就是充满诗意的课堂。

诗意地进行对话交流

语文教师在课堂上应该这样说话：语言诗化，情感优化，内容深化，交流平等化。

凡语言啰唆、反复表述、重复学生回答的话语、只知道用"很好"来评价学生的答问、不是根据文章和文体的特点来设计自己的话语表达、多带"嗯啊"、语流不畅的课堂语言都不是好的课堂语言。

在课堂上与学生进行诗意的交流,教师的语言必须精致、简洁、生动、富有情致与情味。因此需要长久的修炼。

下面是我在教学《荷叶·母亲》时与学生的对话片段:

师:现在把我们的视点集中在课文最后一段话上:"母亲啊!你是荷叶,我是红莲。心中的雨点来了,除了你,谁是我在无遮拦天空下的荫蔽?"说一说它好在哪里,妙在何处。

(学生思考。)

生:最后一句话用了两个比喻,把母亲比作荷叶,把"我"比作红莲。最后一句还用了反问的修辞手法。

师:修辞手法用得好,有比喻,有反问。

生:这句话用了比喻的手法,形象生动地写出了母爱的伟大,而且在最后一句话中用了反问的手法,强调了语气。

师:语气也表达得非常好。

生:我觉得这段话写出了母爱的无私和伟大。

师:伟大的母爱、无私的母爱、博大的母爱、圣洁的母爱都可以说。这段话其实是全文的眼。全文的主题在这儿得到了充分的展现,这里妙在歌颂了母爱。

生:它通过三个比喻,把母亲比作荷叶,把"我"比作红莲,把人生中的挫折和困难比作心中的雨点。最后一个反问句抒发了自己对母亲的赞美,赞颂了母爱的伟大。

师:你的阐释我很满意。层次很明晰,表达很细腻,谢谢!

生:这段话是借雨打红莲、荷叶护莲的情景抒发了"我"对母亲的感激之情,并且这一段也是篇末点题。

师:"篇末点题",再加上四个字——"直抒胸臆"。

生:这段话首先运用了以物喻人的手法,然后卒章显志。连用三个比喻表达了对母亲的感激,赞颂了母爱的伟大。

师:整个这一段,还表现出句式美妙的特点。你们看,"母亲啊"这三个字应该加上一个什么样的术语啊?旁批两个字——"呼告"。"母亲啊"是呼告,然后后面是比喻,然后是反问。还有一个地方——"你是荷叶,我是红莲",这个"你"字,有了人称变化,直接对母亲说话。这也是一妙。

生:最后一段里面,直接用了第二人称的抒写手法,更便于直接抒情。因为用了第二人称直接抒情的手法,所以感情升华得淋漓尽致。

师:你阐释了人称变化的好处。

生:在下雨的时候,勇敢慈怜的荷叶保护着红莲,正如母亲保护着我们一样。作者借荷叶来赞美伟大的母爱,最后一段画龙点睛。

师:这段话在全文是"画龙点睛"之笔。

师:要说这段话的妙处,多得很。我们来小结一下。

……

这样的对话之中没有碎问碎答,没有旁逸斜出,只有师生对文本进行欣赏的交流。形成这样的教学局面的关键还在于教师。教师一要对文本进行深刻的研读,二要克服有事无事都要"问"的课堂讲话的职业病,三要练就一手即席评点的功夫。

诗意地进行课堂讲析

课堂上,语文教师的讲,要在关键之处绽出火花,要显山露水,知识的厚度是教师讲析的第一要素。

教师的课堂讲析首先应该有节制有分寸,讲多了就没有了诗意;教师的讲析内容,上课之前要进行精心的准备,要讲在点子上,讲在关键处,要特别注意课堂小结时讲述内容的优美、生动与深刻。

下面是我教学诗歌《我愿意是急流》时穿插的一次讲析:

师:好,下面我就把同学们说的回顾一下。

这首诗有三美:意象丰美,意境优美,意蕴淳美。

什么是意象丰美呢?大家首先把什么是意象记下来。意象,简言之,就是渗透着诗人情意的具体形象。咱们中国人往往用红豆表示相思,用杜鹃表示悔恨,用杨柳表示送别,这就是意象。这首诗的意象丰美就表现在连用了十几个意象,而且都是两两相依。不仅角度丰富,而且层层递进,从对爱人的呵护一直写到欣慰地看着爱人的成功，每两个意象之间相依相存，不能分开，有急流、小河，就有小鱼，有荒林，就有小鸟。

什么是意境？就是文学作品中表现出来的蕴含着作者思想感情的艺术境界。我们初中读《天净沙·秋思》，它的意境是凄婉的；我们读《十一月四日风雨大作》，它的意境是悲壮的；这首诗的意境是开阔明朗的，是优美清新的，有悠远无尽的意味。

再看意蕴，什么是意蕴呢？意蕴就是文学作品里面渗透出来的理性内涵。比如说作品中渗透的情感，比如说作品中表现出来的一种风骨，人生的某种精义，或者某种主旨。这首诗表现了一种甘愿牺牲的热烈的爱情，很纯粹。当然，由于人的世界观的不同，人的文化素养不同和人的性格不同，人们在爱情上往往表现出不同的想法、不同的看法，把它们化为文学作品，那么也就表现出不同的意象、不同的意境、不同的意蕴。

这节课，我给学生只讲了这么一点点。后来我从中得到感悟，将这种讲析方式界定为"课中微型讲座"，这样就让讲析更显诗意。

就日常教学而言，并不要求教师总是运用诗意手法来进行教学设计，也并不要求一节课的每一个环节都讲求诗意。但运用一定的诗意手法，则能提高课文阅读教学的品位，提高教师个人的教学品位。所以，我们不能不重视对语文教学诗意手法的尝试与研究。

如果有更多的学生生活在富有诗意的学习活动中——求知，求智，求趣，求美，那该是多么美好。

7. "教材处理"是必备的教学设计能力

教材处理,是高层次的教学理念,也是语文教师一种重要的教学设计能力。

在教材处理上多一些斟酌与思考,多一些尝试和体验,对于提高课堂教学效率有很重要的作用。

教材处理,就是科学、艺术地对课文教学的内容进行精选,进行整合;就是从追求高效教学的角度来选择与利用课文中的有关内容或部位。教材处理研究的目的,就是关注怎样有选择性地教,如何精致地利用课文资源训练学生的能力,增加学生的积累。

如,一个单元的课文,有的课文精读,有的课文略读,就是教材处理;一组课文,如诗词五首,选两首有内在联系的诗歌放在一起教学,就是教材处理;一篇课文,在全文理解的基础上精读最重要的一个部分,也是教材处理;将某篇课文和课外的选文联起来进行阅读训练,同样是教材处理。

教材处理,因为有了"处理"二字,就有了挑选、取舍、整合和加工,就有利于将最好的材料有效地用于课堂训练。

在实际的教学中,一线语文教师可以重点关注单篇课文的教材处理问题,这样显得简单、实惠,便于把握与操作。

下面介绍几种我们可以尝试、运用的教材处理的方法。

第一种:整体处理,反复利用

这种方法主要用于精短课文的教学;课文在教学之中始终以"全文"的

面貌出现；从不同的层面、不同的角度由浅入深地多次组织课中训练活动。

如课文《咏雪》的教学，安排这样的教学流程：

活动一：课文朗读，字词理解。

活动二：全文写译，理解文意。

活动三：默读批注，妙点揣摩。

活动四：再读课文，背诵积累。

在这个课的四次活动中，每次都整体地利用了这篇课文：朗读训练用一次，写译训练用一次，妙点揣摩用一次，背诵积累用一次，这就是对课文整体的、多角度的反复利用。在这样的教程中，课文内容不再被肢解，学生始终在实践活动之中受到不同活动形式的训练，可谓省时、高效。

教材中可用于"整体反复"训练的课文非常多，凡是短小精悍的课文包括古代诗歌，都可以引导学生进行整体的阅读习练，这就是我们常说的"单篇课文的整体阅读教学"。

同样的道理，"段"的阅读教学，也是可以整体反复进行的。

第二种：文意把握，选点精读

这种方法可用于任何一篇课文的教学，当然也适用于篇幅稍长课文的教学。对于一篇课文的阅读教学，首先是文意把握训练，这是"面"；然后有一两个、两三个着重用力的地方，如精段品读，这是"点"。整个课的教学流程非常清晰，由面及点，层次井然。

如课文《老山界》的教学创意：

课始，进行厚重的背景铺垫，以利于学生的课文学习；顺势进行课文字词教学。

活动一：文意把握训练。

话题：本文按照时间变化和地点转移展开叙述，以此为线索，概括作者翻越老山界的经过。

学生默读课文，圈画文中的关键句，然后动笔进行有关内容的概括，课中交流，教师小结：

我们决定要爬行三十里高的瑶山——老山界；下午，沿着山沟向上走；一路前进，天黑了才到山脚；晚上，从山脚爬到了半山；第二天黎明从半山出发，下午两点到了山顶，然后下山。我和部队终于跨越了长征中第一座难走的山。

活动二：精段品析训练。

对下面一段话进行"选点精读"：

半夜里，忽然醒来，才觉得寒气逼人，刺入肌骨，浑身打着战。把毯子卷得更紧些，把身子蜷起来，还是睡不着。天上闪烁的星星好像黑色幕上缀着的宝石，它跟我们这样地接近哪！黑的山峰像巨人一样矗立在面前。四围的山把这山谷包围得像一口井。上边和下边有几堆火没有熄，冻醒了的同志们围着火堆小声地谈着话。除此以外，就是寂静。耳朵里有不可捉摸的声响，极远的又是极近的，极洪大的又是极细切的，像春蚕在咀嚼桑叶，像野马在平原上奔驰，像山泉在呜咽，像波涛在澎湃。不知什么时候又睡着了。

任务：进行批注，品析本段中的精彩描写的表达作用，并顺势背诵这个段落。

教师安排一定长度的时间，学生各自完成此次学习任务，既进行了精读品析训练，又背诵、积累了最精美的课文片段。

这种"文意把握，选点精读"的教材处理方式很实用而且富有变化，它可以变化为"理解一篇，精读一段，背诵一节"的教学创意，还可以变化为"文脉梳理，文段精读，文笔欣赏"的教学流程等。不论有怎样的变化，其教学目的都是为了设置学生的课中实践活动。

第三种：视角创新，语言学用

这种教材处理的方式突现课文的语言学用训练的功能，以语言学用活动为主要内容进行教材处理，大大减少了对课文的繁琐品析。这是一种最为实惠的教材处理方法，其训练角度完全是创新的。

如《济南的冬天》"语言学用训练课"的教学设想（此设想参考本课的课后练习而形成）：

活动一：课文朗读，美景描述。

请同学们读课文，感受作者笔下冬天的景物特点，并尝试用自己的语言描述这些景物。

活动二：美段品析，背诵积累。

品析课文第4段（"最妙的是下点儿小雪呀"段）的表达之美，顺势背诵这个美段。

活动三：借鉴课文，微文写作。

请同学们借鉴课文的某些写法，就自己家乡的冬景写一个片段，不少于200字。

这种教材处理的方法非常智慧，可以打开教学视野，让我们更多地关注学生的语言学用训练，更进一步地突现语文学科的课程性质特点。如果语文教师同仁们在日常教学中都习惯于设计学生的语言学用活动，那真是善莫大焉。

第四种：比读联读，一课多篇

这种教材处理的方式既是传统的，又是创新的。它着眼于丰富学生的实践活动，扩展课堂教学的容量，提高课时效率，有着广泛的创新空间。

如《赫耳墨斯和雕像者》《蚊子和狮子》一个课时的"课文联读"教学创意：

活动一：朗读，背诵式复述。

这个任务要求非常实在，每位学生自选一则寓言，背诵下来并进行复述。

活动二：概写，用成语评价人物形象。

这次活动的任务同样非常有训练性，学生可自选评价赫耳墨斯或评价蚊子，运用成语写句，进行人物评价。

活动三：阐释，根据这两则寓言阐释"寓言故事的波澜美"。

这次活动把两则寓言联系在了一起，同学们观察分析这两则寓言故事形成波澜的同一手法——故事情节的陡转，于是得到思维的训练并收获一项重要的文学知识。

比读或联读的教材处理方式，也可以用于一篇课文之内，如《〈论语〉十二章》的教学，可选孔子赞美颜回的这一章与孔子欣赏自己的这一章进行比较阅读；又如《孔乙己》的教学，可以选择第4段和第11段进行比较阅读。

教材处理，还有更多的优美形式，如"长文短教，突现重点""一课多篇，群文阅读""读写结合，形式丰美""朗读为线，层层深入""一课三练，宏微有致""专项赏析，深入品读""第一课时基础层级，第二课时发展层级"等。

教材处理，还有更美的研究角度，如从有利于整体阅读教学的角度处理教材，从有利于学生课中活动的角度处理教材，从有利于简化教学思路的角度处理教材，从有利于语言学用积累的角度处理教材，从有利于学生能力训练的角度处理教材，从有利于表现教学艺术的角度处理教材等。

教材，真是一个神秘广袤的天地，能够让有效教学的创造性得到艺术的挥洒。

8. 把握"教读"与"自读"的教学分寸

统编初中语文教材的编写思想有了深刻的变化，特别是鲜明地表现出"三位一体"的前沿理念，改"精读"为"教读"，改"略读"为"自读"，强调语文课往课外阅读延伸，构建了"教读—自读—课外阅读"这种"三位一体"的教学结构。

这些变化告诉我们，对于统编语文教材的正确使用，需要有一定的分寸感，要关注"教读"课文与"自读"课文训练意图与训练功能的不同，设计不同的课型，运用不同的教法来进行教学。

一、"教读"

什么是"教读"呢？

"教读"是课文阅读教学的一种课型，是统编教材"三位一体"教学结构中最关键的一环。"教读"也是语文教材的一种编辑思想，即要求教师利用课文对学生进行有指导性的训练。

"教读"的重要内容之一是文体阅读能力的训练，如新闻、散文、诗歌、小说、戏剧、说明文、议论文的阅读知能训练。

"教读"的重要内容之二是阅读方法或学习方法的训练，如精读、略读、默读、速读、浏览、跳读、猜读、比较阅读等。

"教读"的重要内容之三是对学生终身受用的分析、品析、评析、赏析能力的训练。如诗文朗读、概括要点、划分层次、品析语言、赏析细节、欣赏手法、评价人物等训练内容。

"教读"的重要内容之四是语文知识、文学知识的顺势渗透与积累。文学知识的积累教育，是统编教材十分关注的内容。

"教读"课文的助读系统主要由课前预习和课后练习组成，重点落实本单元的语文能力要点，通过教师的训练，培养学生的阅读能力，提升语文素养。

下面以统编教材七上的几篇"教读"课文"思考探究"练习的设置来感受"教读"训练的重要。

《春》：有感情地朗读课文，进行重音与停连的训练；感受春日图景，品味段落，体味文中清新、活泼、优美的诗的味道；说说练习题中加点词的表达效果。

《济南的冬天》：诠释济南的冬天的特点；用自己的语言描述济南的冬天的景物；诠释作者为什么觉得济南的冬天是个理想的境界；体会课文拟人手法的表达效果；借鉴课文写法，学写风景描写片段。

《秋天的怀念》：朗读课文，品味标题的含义；品析课文中感人的细节描写；品析"好好儿活"这个关键语句在文中的作用；体味加点词蕴含的情感。

《散步》：品味标题，体味为什么取名《散步》；品味语句，结合全文，说说对课文深层意蕴的理解；品味文中景物描写的作用；诠释文中对称句的好处；探究本文的情感基调。

《从百草园到三味书屋》：分析文中的"百草园""三味书屋"两部分的起止，以及它们是怎样连接起来的；概说"乐园之乐"；评价课文中的"先生"；对第2段的景物描写的方法进行品析；分析第2段中"不必说"的句式的表达作用；仿照课文第2段描写一处景物……

以上内容全是"训练性"的。没有训练，便没有学生阅读分析能力的养成。所以，"教读"课就是阅读能力的训练课，"教读"课文所担负的，就是训练的任务。

下面是课文《谁是最可爱的人》的"教读"课教法的设计。

本课教学创意：审美阅读，精读，涵泳品味，感受情怀。

课时一的活动安排

活动一：进行教学铺垫。

简洁生动地导入，介绍作者、文体知识；着重介绍作品的写作背景，介绍抗美援朝战争。整体朗读课文，感受课文内容；认字识词。

淳（chún）朴　军隅（yú）里　覆（fù）灭　摁（èn）倒　迸（bèng）裂　掰（bāi）断　踹（chuài）开　憋（biē）闷　胸脯（pú）　犁耙（pá）

放纵奔流　纯洁高尚　坚韧刚强　淳朴谦逊　美丽宽广　千载万世永垂不朽

活动二：课文审美听读。

播放课文录音，引导学生"沉浸"在作品的氛围之中，倾听最可爱的人的动人故事，感受中国人民志愿军的"最可爱"。

活动三：整体审美阅读。

请同学们静读课文，旁批课文，从课文整体的角度赏析其表达之美。

教师示例：课文的标题美。标题"谁是最可爱的人"创新形式，运用设问手法，引领全文内容，点示课文题旨。

同学们细细品味课文，表达看法。师生对话，教师小结：

立意美，情感美，标题美，起笔美，收笔美，过渡美，照应美，选材美，故事美，画面美，描述生动美，引用手法美，句式运用美，修辞手法美，语气表达美……

教师出示课文的整体"抒情构架"，学生朗读，品味，批注。

课时二的活动安排

活动一：话题审美研讨。

出示：请品析课文中的三个故事并旁批，说说作为文章的材料，这三个故事为什么选取得好。

引导同学们概括：

故事一，松骨峰浴血迎敌奋战。

故事二，马玉祥火中勇救小孩。

故事三，防空洞对话畅叙理想。

引导同学们观察这三个故事出现的顺序并品味其表达效果：

故事一表现了志愿军战士对侵略者们的深仇大恨；

故事二表现了志愿军战士对朝鲜人民的深深热爱；

故事三表现了志愿军战士对苦乐问题的深切思考。

教师小结：

这三个极具典型意义、极具思想含量的故事，生动有序地从三个侧面表现了"谁是最可爱的人"的主题，赞美了他们伟大深厚的爱国主义与国际主义的思想感情。

活动二：精段审美阅读。

亲爱的朋友们，当你坐上早晨第一列电车驰向工厂的时候，当你扛上犁耙走向田野的时候，当你喝完一杯豆浆提着书包走向学校的时候，当你坐到办公桌前开始这一天工作的时候，当你往孩子口里塞苹果的时候，当你和爱人一起散步的时候……朋友，你是否意识到你是在幸福之中呢？你也许很惊讶地说："这是很平常的呀！"可是，从朝鲜归来的人，会知道你正生活在幸福中。请你意识到这是一种幸福吧，因为只有你意识到这一点，你才能更深刻地了解我们的战士在朝鲜奋不顾身的原因。朋友！你是这么爱我们的祖国，爱我们的伟大领袖毛主席，你一定会深深地爱我们的战士——他们确实是我们最可爱的人！

话题：结合全文，赏析这段文字的表达效果。

同学们深情朗读，评点批注，进行精读欣赏。

教师从情感热烈、议论抒情、巧用人称、句式优美、修辞生动、深情点题的角度点示本段文字的表达效果。

同学们当堂背诵此段文字，教师收束教学。

这个教学创意中，设计、组织了学生的语言品析的活动、朗读体味的活动和细读赏析的活动，表现出了学生实践活动丰富的特点。

这个教学创意，尊重单元教学重点，注重"教读"，学生在教师的指导下得到了落实到位的读写能力的训练。

二、"自读"

那么,什么是"自读"呢?

"自读",是课文阅读教学的又一种课型,是统编教材"三位一体"教学结构中变化教学方法、对学生进行自读训练的重要设置。这种课型重在学生的自读实践——实践阅读方法,关注语言学用,增加动笔机会。

"自读",也指教材中自读课文的教学方法。统编初中语文教材的每个单元都安排了自读课文。自读课,强调教师指导下的学生自读,强调利用课后"阅读提示"设计学生的自读活动,大量的教学时间由学生使用,重点让学生有如下学习方式与能力训练的自读实践:学会朗读,学会摘抄,学会批注,学会查询,学会比较,学会发现,学会提取,学会梳理,学会质疑,学会微写。

自读课文的助读系统由"旁批"和"阅读提示"组成,没有设置练习,目的是加大自主阅读的力度。

自读课的设计,一般用一个课时进行教学。主要根据单元训练目标和课后阅读提示设计学生的几项自读活动,如语言学用、朗读背诵、评点批注、微文写作、拓展阅读等。

所以,自读课文的教学,一定要表现出学生自读的特点,最重要的,就是让每位学生都有更长时间的课堂实践活动,在实践中习得方法、训练能力、积累语言、收获知识。

如八上自读课文《列夫·托尔斯泰》的教学创意。

设计如下以"写"为主的"自读"训练活动:

活动一:微写训练,文意把握。

任务:根据课文内容,利用课文语句,写150字左右的"托尔斯泰形象描绘"。活动时间16分钟左右。

活动二:词句梳理,语言学用。

任务：摘抄课文中大量的四字短语以及描绘人物眼睛的美句，做好阅读笔记。活动时间10分钟左右。

活动三：品味手法，知识积累。

任务：根据课文阅读提示，进行选点品读，用圈画、批注的方法阐释本文"欲扬先抑"手法的表达效果。活动时间10分钟左右。

在这样的教学过程中，所有学生都有充分的时间进行自读实践，学习收获无疑是丰厚的。

本文所说"把握'教读'与'自读'的教学分寸"，从辩证的观点看，它们之间有时也是可以灵活变通的，只要关注了学生的课堂实践活动，同样可以表现出教师的"创意"水平。

9. 一线语文教师有效阅读教学的最好形式

一线语文教师课堂阅读教学的最好形式是什么？这是一个需要我们关注、观察、思考、实践的一个重要问题。它关系到大多数语文教学的真正效果，关系到大量一线语文教师的日常教学状态，关系到基层学校无数学生语文学习与训练的收获。

面对大量基层的一线语文教师，最好不要高喊时髦的口号，最好不要渲染貌似高效的所谓"模式"。

一线语文教师课堂阅读教学的最好形式是：在语文新课标的背景下，围绕统编教材单元训练的主题，进行单篇课文的教学。

统编初中语文教材，是一个严密的、科学的教学体系，这个体系确保了课程目标的综合体现，各个学段、年级、单元的教学要点清晰。七至九年级每册6个单元，包含阅读和写作两大板块，单元之间穿插安排"口语交际""综合性学习""名著导读""课外古诗词诵读"等内容；八至九年级每册设置1个"活动·探究"单元，突出任务性学习理念。所以这个体系不容随意变动、更改，一旦被破坏，训练目标就紊乱，训练内容就失衡。

统编初中语文教材，从单元构成看，每个单元都有两个教学要点，一是"人文主题"，一是"语文要素"。每个单元的教学，都可以看作是"人文主题"引领下的"语文要素"的课堂训练。

如七上第四单元，是"人生之舟"单元，其单元导语是：

拥有美好而充实的人生，是我们共同的心愿。本单元课文，从不同方面诠释了人生的意义和价值，有对人物美好品行的礼赞，有对人生经验的总结和思考，还有关于修身养德的谆谆教诲。令我们感动的，是其中彰显的理想光辉和人格力量。

本单元继续学习默读。在课本上勾画出关键语句，并在你喜欢的或有疑惑的地方做标注。在整体把握文意的基础上，学习通过划分段落层次、抓关键语句等方法，理清作者思路。

其"人文主题"的导向与"语文要素"的训练要求，都显得明确而清晰。

根据本单元教学要点，教读课文《植树的牧羊人》，可以有这样的教学创意：

第一课时

实践活动一：速读课文，完成课后图表，理清课文顺序。

实践活动二：自读课文，根据课后练习三，概写全文主题。

实践活动三：默读课文，参照课后练习二，评价主要人物。

实践活动四：速读课文，抄写摘录，积累美词美句。

第二课时

技能训练一：圈画全文之中表达作者议论抒情的关键句，感受课文的结构特点。

技能训练二：课中比读，品析课文第2段和第20段表达之妙及其表达作用。

技能训练三：动笔写作微文，例说自己欣赏到的课文中表现人物性格特点的艺术手法。

这个教学创意，观照到了本单元的人文主题，并围绕本单元的语文要素进行了重点突出的训练：默读、整体把握文意、勾画关键语句，理清作者思路等。第一课时重在基本内容的理解，第二课时重在品析能力的训练。教学之中有读有写，学生的实践活动充分，技能训练落实。整个课的教学表现出了教学思路明晰、学生活动充分、课堂积累丰富的特点，很明显地表现了单篇课文整体阅读教学的优势。

一线语文教师"围绕统编教材单元训练的主题，进行单篇课文的课堂阅读教学"，主要有如下两大好处：

第一，尊重统编初中语文教材的编辑意图，在落实单元教学主题和语文要素的教学与训练中，可以不走形，不变样，不自以为是，不南辕北辙，于是就能充分地发挥教材、课文的训练作用。

如七下第四单元，是"修身正己"单元。阅读本单元课文，可以感受中华美德以及时代对于这些美德的呼唤，可以陶冶情操，净化心灵，使人追求道德修养的更高境界。

本单元的教学重点是，学习略读。略读侧重观其大略，粗知文章的大意。略读时可以根据一定的目的或需要，确定阅读重点，其他部分的文字则可以快速阅读。

如本单元《驿路梨花》的教学，其课后的"思考探究"设置了三个话题：

1. 下面的人物分别与小茅屋有过什么故事？谁是小茅屋的主人呢？
"我"和老余　瑶族老人　一群哈尼小姑娘　解放军战士　梨花

2. 本文构思巧妙，层层设置悬念和误会，使故事情节一波三折。结合课文内容分析这种写法，说说其表达效果。

3. "梨花"在文中多次出现，所指不尽相同，请找出来，解释各自的含义，并说说这几次出现对全篇结构的作用。再想一想，用"驿路梨花"做标题有什么妙处？

这三个训练话题，其实就是一个关于课文略读训练的极好的教学创意。语文教师如果根据这三个话题有序地组织课中训练活动，一定能够比较切实地突现本单元的教学重点，使学生在本课的学习中既能有思想情感层面的濡染，又能得到略读能力的技能训练，还能收获与"小说"有关的文学知识。

第二，可以养成良好的思维习惯，在教学之中首先做到关注单元的人文主题与语文要素。同时，由于统编初中语文教材建构了"教读—自读—课外阅读"的"三位一体"的教学结构，教师便能够重视单元之中教读课文、自读课文的教学特点，运用不同的教学方法与教学视角进行这两类课文的教学，还可以顺势引入课外自读的内容。再进一步说，教读是一种阅读教学的课型，重在教师对学生阅读技能的传授与训练，教给学生阅读的方法。自读是又一种阅读教学的课型，重在让学生在自读中实践阅读方法，增加语言积累，增加动笔机会。教读也好，自读也好，只能是"单篇课文的课堂阅读教学"。

如八上第四单元是"情感哲思"单元，这个单元的散文类型多样，或写人记事，或托物言志，或阐发哲理，或写景抒情。学习这个单元，要反复品味、欣赏语言，体会、理解作者对生活的感受和思考，了解不同类型散文的特点。本单元的课文中，《背影》《白杨礼赞》是教读课文，《散文二篇》(《永久的生命》《我为什么而活着》)《昆明的雨》是自读课文。在课型、教法与时间安排上，这两类课文的教学必须有严格的区别。

下面是自读课文《永久的生命》的微型教案：

教学创意：自读课文的读写综合能力训练。

教法运用：教师指导下的学生自读实践，大量的课堂时间由每位学生使用。

第一次自读活动：独立学习，积累字词，笔记文体知识。

第二次自读活动：课文朗读；选用课文中的句子，阐释自己读懂了课文标题的含义。

第三次自读活动：朗读背诵课文第2段，并进行评点批注，品析其表达之妙。

第四次自读活动：微文创写——从赞美生命的角度，自由命题，从课文中撷取三个美句，形成一篇微文。

教学小结：利用课文，学用语言，增加知识，训练能力。

本课的自读教学角度，与《背影》《白杨礼赞》等教读课文的教学角度迥然不同，表现出多方面的训练效果。

一线语文教师"围绕统编教材单元训练的主题，进行单篇课文的课堂阅读教学"，还有如下若干好处：

第一，教师可以学会充分利用教读课文的预习要求、课后练习设计和自读课文后面的阅读提示，准确把握教学的重难点，细化、优化、美化自己的教学设计。

第二，单篇课文的教学，单纯，灵活，可以相互调课时，可以进行对比阅读、专题阅读、课文联读的教学，从而充分表现出对每一篇课文教学资源的充分利用。

第三，在教学一篇课文的同时，可以前后对照，感受同类课文教学要点之间的铺垫、照应和教学要求的提升，从而比较好地把握难度，做到教学中的循序渐进。

第四，单篇课文的教学，能保证一线教师对于课文进行研读，使课文便于把握，易于教学，让学生学得扎实，收获丰厚。

……

那么，我们为什么要提出"一线语文教师有效阅读教学的最好形式"这个论题呢？原因是，语文新课标颁布前后，所谓的"大观念""大单元""大情境""大任务""大主题"的论调喧嚣一时，带偏方向。

上述有关"大"的概念，在语文新课标中，一个也没有，绝无提及，更无相关的阐释。

所以，对于语文新课标，我们不要曲解，不要用在新课标中毫无踪影的所谓"大单元教学"给一线的广大语文教师带来困惑与麻烦。

10. "长文短教"的教学境界

不论是小学、初中还是高中的课文阅读教学,都会遇到篇幅比较长的文章。在"长文"面前,可以按部就班,多用一点课时教学,也可以运用"短教"的方式,创造省时高效、富有美感的教学境界。

"长文",就是篇幅长、文字多的课文。一般来讲,现代文课文在1500字以上、文言文在400字左右的,就可以视作长文。长文,在很大程度上也是难文。初、高中的统编语文教材中,大约有三分之一以上的课文需要考虑进行"长文短教"的处理。

"长文短教",是一种重要的、常用的教材处理方式。它主要有两个方面的含义:一是用较短的时间教完篇幅较长的课文,二是取较少的内容教完篇幅较长的课文。

为什么我们需要而且可以在阅读教学中进行"长文短教"?这是因为:

从教材处理的角度看,它着眼于精读、美读;从教学效率的角度看,它突现着教学的重点与难点;从学生学习心理的角度看,它是在优化、简化教学内容;从教师的设计水平看,它是在整合与精选教学内容。进行"长文短教"的最充分的理由是:任何一篇课文的教学,都难以做到面面俱到,"长文"更是如此。

而且,"长文短教"是一个能表现出辩证思维的概念。很长的文章,我们可以进行短教;不太长的文章,我们可以将它处理得更短,总之是为了教学内容更加简洁与精练。

"长文短教",其关键的教材处理技能就是"选点",即精选有关内容进行教学。表现在教学设计上,可以运用如下一些手法。

1. 文意把握,选点突破:在概略地把握文意的基础上,重点突出对课文的或一个部分或一个精段或一项内容的品读。

2. 含英咀华，课文集美：学生在品析课文表达艺术的基础上，撷取文中的精美句段，整合为精致的微文，丰厚学习中的语言积累。

3. 读法示例，化解难点：教师从克服难点的角度进行阅读方法的示例，学生学习、尝试教师示例的阅读方法，进行难点品析。

4. 创新课型，语言学用：对于整篇文章的教学，着眼点就是"学用语言"，训练学生多角度地、分类别地习得、积累、学用课文中的字词句段。

5. 论析章法，品味语言：从分析文章层次、结构与谋篇布局的特点入手理解文意，然后重点品析、欣赏课文的语言表达艺术。

6. 速读课文，精析手法：用比较短的时间理解课文内容，用比较长的时间指导学生对文章的表达技巧、表现手法进行品读鉴赏。

7. 文意理解，人物赏析：在比较细腻地理解文意的基础上，重点突出对文学作品中人物形象的赏析。

8. 概说文意，微文写作：设计学生概说文章大意的训练活动，然后安排学生的课中微写训练活动。

9. 学生品析，教师讲析：在集中的话题的引领下，学生品析课文的表达之美，教师精讲课文几个方面的表达艺术，学生做好课中笔记。

……

不论什么样的"长文短教"，课始阶段都应该有一个"文意整体把握"的教学环节，再在此基础上进行重点突出的课堂训练。

"长文短教"的教学设计，需要教师做到：选点精致，话题集中，整合巧妙，探究深刻。

由此可见，"长文短教"的教学境界是："精""活""实"，不呆板，不粗糙，不草率，不随意。无论运用什么手法，"长文短教"都重在一个"短"字；无论怎样进行"长文短教"，"教"的含义仍然是"训练"。

下面以《孤独之旅》为例，简说其"长文短教"的多种创意。

《孤独之旅》是曹文轩笔下的作品，课文有近4000字的篇幅。它表现出文学的美感，诗意的手法。从小说的审美阅读来看，有如下方面的丰富内容值得我们欣赏。

第一类：故事背景的设置，环境描写、场景安排、视角运用、情节安排的技巧。

第二类：故事中的悬念、伏笔、照应、线索的设置，穿插手法的运用。

第三类：文中波澜、渲染、衬托或映衬手法的运用、叙事节奏的变化、情节描述中的详略处理。

第四类：象征手法、诗意小段的结构、画面描绘的表达艺术。

第五类：人物形象欣赏，鸭群描写赏析，暴风雨的作用欣赏，表现"孤独"的写作艺术。

教师只有对《孤独之旅》进行了多角度、深透的文学赏析，才有可能胸有成竹地在如下创意中各用一个课时引领、指导学生的学习。

第一种创意：活动一，八字短语，概括情节；活动二，简短句式，评说人物；活动三，运用术语，精析片段；活动四，趣味写作，积累语言。

第二种创意：活动一，简短句式，评说人物；活动二，运用术语，精析片段；活动三，选点写作，创造微文。

第三种创意：活动一，概写故事内容；活动二，风景描写的专题赏析。

第四种创意：活动一，文意把握训练；活动二，鸭群描写欣赏；活动三，课文片段精读。

第五种创意：活动一，巧用标题写微文，描述课文内容；活动二，撷取片段细品读，欣赏表达艺术。

第六种创意：活动一，学生进行微型话题的品析欣赏；活动二，教师进行文学手法的专题讲析。

……

我执教过《孤独之旅》的几种教学创意，比较满意的是第四种创意。

课始，介绍作家，介绍课文的写作背景，介绍课文中的主要人物，顺势认字识词。点示：在统编初中语文教材中，这是一篇自读课文。

然后依次展开如下自读训练活动：

1. 小说阅读方法指导之一：抓住标题，感知全文。

安排"一个字"的品析活动：请同学们根据课文内容，说说"孤独之旅"中"旅"的含义。

这是一个"牵一发而动全身"的话题，学生静读思考，课中发言，教师小结，学生做笔记：

"旅"在课文中的含义：远行，历程，远离家乡的放鸭生活，痛苦的历练，成长中的苦难经历，艰困之中的心路历程，生活的艰难和精神的孤独，身心的长期锤炼，一次美好的"长大"……

这是本课的活动一，进行了文意把握训练。

2. 小说阅读方法指导之二：纵向品读，体味细节。

进行"一个词"的品析活动：请同学们结合课文内容，说说"鸭群"描写的作用。

这也是一个富有美感的"主问题"，牵动着对全文景物描写作用的品析。

同学们速读全文中对"鸭群"的描写，动笔批注，品味其表达作用，师生交流看法。

教师小结，学生做笔记：

鸭群描写的作用主要有：形成故事，显现顺序，成为线索，映衬人物，表达象征，体现美感；表现出美妙的穿插、照应手法。

这是本课的活动二，进行了鸭群描写欣赏。

3. 小说阅读方法指导之三：选点精读，品析欣赏。

进行"一个段"的品析活动：请同学们重点欣赏课文高潮部分"暴风雨描写"段（文中第36段）的美感与作用。

这个主问题引领的是"选点精读"。学生朗读、品析、批注这个段落，表达自己的品析内容。教师小结、讲析：

其美感表现在：层次清晰，结构灵动；简洁描写，词句精美；以时间为序，由静到动；有色有声，有实有虚；着力渲染，手法生动。

其作用表现在：设置恶劣环境，渲染严峻氛围，推动情节发展，加快故事节奏，衬托人物形象，增加作品美感。

教师顺势点示：小说作品氛围的营造，最基本、最主要的途径，就是景物的描写。景物描写悄然无声地孕育了文章的美感。"风景画"是一个很好的词，小说中的风景描写，常常有多角度的表达作用。

这是本课的活动三，进行了课文片段精读。

"长文短教"追求"精""活""实"的教学境界，这是日常阅读教学的重要理念之一，这种教学境界的实现，靠的主要还是语文教师课文阅读鉴赏的能力。

11. "短文"的教学艺术

语文教材中，千字左右的现代文课文和一二百字左右的文言文课文都可以看作是短文，一般而言，现代诗歌也是，古诗词则更加精短。

短文是最便于进行教材处理的课文，一篇千字左右的文章，用一个课时进行教学，基本上可以顺利地完成教学任务，还可以做到没有多少课外负担。除此之外，短文还拥有很多教学优势，如：便于教师对课文进行反复的、多角度的利用；便于设计结构紧凑、思路清晰、活动精巧的课堂教学流程；便于最大限度地、充分地利用文中的语言学用资源；便于充分利用课文中的技能训练因素，对学生进行目标集中的能力训练；便于立体式地安排读、写、听、说等各类活动，丰富学生的课堂实践；便于教师智慧地运用教学手法，美化、优化、细化教学的过程；便于运用联读、比读、一次多篇等教学策略增加教学容量；便于教学之中顺势对学生渗透语法、修辞、文学知识的教育；便于处理教读与自读课文的教学；便于设计一课多案；便于课中背诵积累等。

所以在阅读教学之中，我们要把短文真正地用好。

短文的教学，不是指字字句句都要读到问到，不是指让学生谈感悟，也不是指让"同学们喜欢怎么读就怎么读"，更不是指离开课文的语境横生枝节去进行一些无谓的"拓展"。

把短文用好的真谛在于：关注单元训练的重点和课文训练的要点；不将"解读"课文内容作为教学的唯一目的；精致地提炼课文中的教育教学资源；灵动地设计学生的课堂实践活动；追求当堂让所有学生都真有收获、大有收获的教学境界。

一、短文的三种教学艺术

短文的教学，要表现出"细"教、"巧"教、"美"教的教学艺术。

"细"教

细化对课文的理解，从整体上适当增加课文的品析角度，以立体地、多侧面地理解课文内容；充分关注语言训练，增加语言训练的时间与容量，从语言习得、语言积累、语言实践与运用等不同的层面深化教学内容，丰富学生的学习收获；深化对课文的品读，对重点内容、主要人物、精彩段落、风格特点、特别手法进行细腻的品析；适当地进行一些穿插、补充、收集、查询、交流、研讨的教学活动，以增加和丰富课堂教学的线条与情趣等。

"巧"教

尽量做到——着眼于对全班学生的"受益面最大"的集体训练；充分利用课文的教育教学资源，设计精巧新颖的训练角度；用美妙的手法进行教材处理，确保所有学生有充分的课堂实践活动；教程尽量简单明了、思路清晰，特别关注运用"主问题"把学生深深地引入实践活动；课堂训练的活动生动、有趣、给力；课堂上有真正的语言训练、读写能力训练和知识积累训练。

"美"教

设计清晰明朗的教学思路，安排有内在逻辑关联的学生实践活动；用精致的"主问题"引领有情有味的语言学用活动；目标明确地设计课堂教学中的"美读""趣读"活动；艺术地细化朗读训练的层次，在多形式多层次的朗读训练中引导学生体会文章的神韵风格；对含义较深的词句、段落进行充分的品析和体味；适当增加对课文的"美点"赏析，以优化对学生的能力训练；调动不同的教学手段，指导学生对课文进行充满灵气的咀嚼、品味等。

"细""巧""美"，是课文阅读教学的理想境界，更是短文教学所追求的审美境界。短文和短诗，正是因为"短"，才让我们在教学设计上有着更加丰富的想象力，才让我们对训练学生的能力、提高学生审美素养有更美的追求。

二、具体课例展示

下面以课文《蚊子和狮子》为例进行说明。

《蚊子和狮子》如此简短，只有约 200 字的篇幅，却有极为丰富的教学资源可用于课堂阅读训练：课文初读，感知文意；知晓文体，认字识词；进行朗读、复述或创造性地复述训练；用再拟标题的方法或写句子的方法进行文意概括训练；分析故事的情节，并运用一定的语言形式概括情节；评说故事中"蚊子"的人物形象；用批注的方法品析故事语言的表现力；赏析课文在构思立意、手法运用方面的"美点"；发现故事中蕴含的哲理并再写一个"点题"段；写微型"读后感"；重新设计情节，再写故事并赋予其新的寓意；编写这则寓言的课本剧；扩写此文为 600 字左右的故事等。

设计本课的课堂训练活动，要关注单元教学重点，要充分利用课文资源，要杜绝零碎提问的教学现象。

《蚊子和狮子》的"细"教创意

活动一：课文初读，概说故事大意。

学生朗读课文，认字、识词、写字，用一句话概说课文大意：这则寓言写的是蚊子向狮子挑战并取得胜利，但后来却被蜘蛛网粘住并被蜘蛛吃掉的故事。

活动二：课文朗读，品析故事层次。

课文朗读的方法：读得顺畅，读好语气，读清层次。故事层次的理解：第一层，写蚊子挑战狮子，设置故事悬念；第二层，写蚊子战胜狮子，推进情节发展；第三层，写蚊子胜后失败，留下悠远余味。教师点示：《蚊子和狮子》的结构特点是：先叙后议，叙议结合。

活动三：课文品析，评析蚊子形象。

同学们写句评析"蚊子"形象。交流之后教师小结：蚊子是这则寓言故事的主角。故事开篇的语言描写表现了蚊子的勇敢无畏；接着在动作神情的描写中表现了蚊子善于以己之长，克敌之短；随着故事情节的发展，故事表现了蚊子得意忘形、忘乎所以的心理和行为；最后蚊子落了个可悲的下场。故事寄寓着深刻的哲理。

《蚊子和狮子》的"巧"教创意

教学铺垫、课文初读、认字识词之后，安排三次巧妙的高效训练活动。

活动一：每位同学都进行"朗读背诵"式的故事复述。

活动二：每位同学都进行"运用成语"式的寓意概写。

活动三：每位同学都进行"批注评点"式的语言品析。

"语言品析"的内容丰富多彩：蚊子宣战的话语，表现了它的坚定与自信，设置了故事的悬念；"蚊子吹着喇叭冲过去"写出了蚊子一往无前的坚定与果敢；"专咬狮子鼻子周围没有毛的地方"表现了蚊子知己知彼，善使计谋的特点；"吹着喇叭，唱着凯歌飞走"是传神之笔，把蚊子被胜利冲昏了头脑、忘乎所以的神态表现了出来；一个"粘"字，写出了故事情节的陡然转折；"叹息"和"不料"，深刻地表现了蚊子至死也没有明白自己丧命的原因……

《蚊子和狮子》的"美"教创意

活动一：读得好听。

教学细节：学生各自初读课文。教师训练学生朗读——一读，请同学们用讲故事的语调朗读课文；二读，用朗读表现出课文的层次；三读，尝试读出课文的起伏波澜；四读，在朗读中表现故事的情景，读好人物的语气，读出句子的重音，读清故事的层次。

活动二：说得有味。

教学细节：这是同学们的背诵式复述活动——每位同学都要独立思考，读背课文，展开想象，添枝加叶，用心习练，突现"语气"，流畅生动地创造性复述蚊子和狮子的故事。

活动三：品得深美。

教学细节：语言品析的课中实践活动——请同学们运用评点法，在具体的语言环境中品味课文语言的表现力；尝试品味出这则寓言中最有表现力的一个词。

活动四：写得精致。

教学细节：寓意探析的训练活动——请同学们从下面写作要求中自由选择一项，进行课堂写作，点示这则寓言的寓意：（1）写一个较长的句子，要求用上"优势"与"劣势"两个词。（2）写一小段话，要求用上"偶然"与"必然"两个词。

以上三个教学创意，共 10 次课中实践活动，比较直观地表现了短文的教学艺术，创造性地表现了教师对课文教学资源的运用。

12. "选点",一种精致的教学手法

"选点",一个科学而美妙的教学话题,一种务实而精致的教学手法。

我们常说要关注课文的重点、难点、疑点,这些说法表现出了教学中的"选点"意识,也是尊重教学规律的重要表现。

一、"选点"内涵

将上述说法表达得更加精致,更加优美,更加有操作性,就是阅读教学中的"选点精读",或"选点突破""选点品析""选点探究""妙点揣摩"等。

"选点精读",是针对课文的不同特点,选取课文的关键处、精美处、深刻处、疑难处、知识内容丰厚处、手法巧妙处、意义隐含处等"有嚼头"的地方进行细腻深入的品读教学,以达到深透理解课文某一方面特点的教学手法。它着眼于优化课文内容,着眼于精选课文内容,着眼于整合课文内容,所以也是一种教材处理的基本手法。

或者说,每一篇课文的阅读教学,在把握文意的基础之上,都应该有一两个、两三个着重用力的地方,或整体,或精段,或结构,或语言,或人物,或手法,或美点,或表达艺术等。用"选点精读"的方法可以让学生学得精,读得深,品得美,可以引导学生尽可能深入地了解课文某个方面的特点,获得某个方面的训练与积累。

当我们把教学的视点集中于课文教学的某个角度、某个部位、某项特点时,就带有"选点品析"的味道。

运用"选点精读"的理念与手法进行课文阅读教学,可关注如下要求:

第一，要求教师对课文有精细的阅读鉴赏，有丰富的教学资源的提炼。

第二，要求教师运用"板块式"教学思路规划课文教学的流程，以便突现教学中的"选点"。

第三，要求教师在训练学生整体理解课文的基础上再"选点"切入，不要离开全文去单独突破课文中的一处或者一段。

第四，要求教师善于从不同的角度引导学生对所选之"点"进行充分的品味，使之作为语言表达的范例，让学生有真正扎实的学习收获。

二、教例展示

下面列举有关教例进行说明。

案例之一：《台阶》的教学

课始简洁导入，进行课文学习背景的铺垫，落实课中字词的教学。

实践活动一：文意理解训练。用概说的方式阐释《台阶》是一篇什么样的文章。

实践活动二：人物评说训练。用微写的方式对故事中的"父亲"进行"素描"。

实践活动三：选点精读训练。用品析的方式欣赏、品味课文中最精美的描写片段：

父亲的准备是十分漫长的。他今天从地里捡回一块砖，明天可能又捡进一片瓦，再就是往一个黑瓦罐里塞角票。虽然这些都很微不足道，但他做得很认真。

于是，一年中他七个月种田，四个月去山里砍柴，半个月在大溪滩上捡屋基卵石，剩下半个月用来过年、编草鞋。

大热天父亲挑一担谷子回来，身上淌着一片大汗，顾不得揩一把，就往门口的台阶上一坐。他开始"磨刀"。"磨刀"就是过烟瘾。烟吃饱了，"刀"快，活做得去。

台阶旁栽着一棵桃树,桃树为台阶遮出一片绿荫。父亲坐在绿荫里,能看见别人家高高的台阶,那里栽着几棵柳树,柳树枝老是摇来摇去,却摇不散父亲那专注的目光。这时,一片片旱烟雾在父亲头上飘来飘去。

　　父亲磨好了"刀"。去烟灰时,把烟枪的铜盏对着青石板嘎嘎地敲一敲,就匆忙地下田去。

　　冬天,晚稻收仓了,春花也种下地,父亲穿着草鞋去山里砍柴。他砍柴一为家烧,二为卖钱,一元一担。父亲一天砍一担半,得一元五角。那时我不知道山有多远,只知道鸡叫三遍时父亲出发,黄昏贴近家门口时归来,把柴靠在墙根上,很疲倦地坐在台阶上,把已经磨穿了底的草鞋脱下来,垒在门墙边。一个冬天下来,破草鞋堆得超过了台阶。

　　父亲就是这样准备了大半辈子。塞角票的瓦罐满了几次,门口空地上鹅卵石堆得小山般高。他终于觉得可以造屋了,便选定一个日子,破土动工。

　　学习任务:品读《台阶》的这部分文字,赏析细节描写的表现力,赏析小说表现人物的技巧与手法。

　　这里所选的点,是课文中最精彩的描写内容,是课文中的一个完整的部分且与课文其他内容有着丰富的照应,精读品析之中,学生会有美好的收获。当然,我们也可以选课文中的一个重要的段进行精读品析训练。这是最基本最常用的"选点"视角。

案例之二:《孔乙己》的教学

　　课始进行厚重的课文学习背景铺垫。

　　活动一:说说阅读《孔乙己》之后的初步感受。

　　教师与同学们对话、交流;教师概说课文内容,点示创作手法;学生做笔记。

　　活动二:请同学们进行课中比读,在第4段与第11段中寻找对比点,感受这两个段落在这篇小说中的重要作用。

　　师生交流的"对比阅读"的内容主要有:出场与退场,正常与残疾,伤痕与断腿,长衫与夹袄,青白与黑色,眼睛与眼神,站坐姿态,语言语气,动作形貌，酒量、钱数，手的用途，时令背景……这些细节描写的对比，把精神和肉体受到巨大摧残的孔乙己的形象鲜明地呈现在读者面前，在鲜明的对比中表现出孔乙己命运的巨大变化，激起人们深深的思索。

这里所选的点，是课文中的主体内容，是故事情节中最重要的前后关联的部分。这是"选点"时的"对比阅读"视角。

案例之三：《我的叔叔于勒》的教学

课始进行充分的教学背景的铺垫。

课中活动一：文意概括训练。

任务：同学们动笔微写，介绍本篇小说的主要内容。

菲利普一家因于勒的挥霍陷入困境，菲利普与家人等待在海外发财的于勒归来解困，结果，旅游途中在船上发现于勒破产成了穷光蛋，菲利普夫妇弃他而去。

课中活动二：纵向赏析训练。

任务：发现构思秘密——研读课文，体味课文中"船"的表达作用。

学生静读，纵向研读，交流所发现的与"船"有关内容的描写：

可是每星期日，我们都要衣冠整齐地到海边栈桥上去散步。那时候，只要一看见从远方回来的大海船开进港口来，父亲总要说他那句永不变更的话：

"唉！如果于勒竟在这只船上，那会叫人多么惊喜呀！"

人们按照当时的惯例，把他送上从勒阿弗尔到纽约的商船，打发他到美洲去。

有一位船长又告诉我们，说于勒已经租了一所大店铺，做着一桩很大的买卖。

于是每星期日，一看见大轮船喷着黑烟从天边驶过来，父亲总要重复他那句永不变更的话：

"唉！如果于勒竟在这只船上，那会叫人多么惊喜呀！"

哲尔赛的旅行成了我们的心事，成了我们时时刻刻的渴望和梦想。后来我们终于动身了。我们上了轮船，离开栈桥……

父亲客客气气地和船长搭上话，……谈到我们搭乘的这只"特快号"……

我们回来的时候改乘圣玛洛船，以免再遇见他。

探究结果：

"船"，《我的叔叔于勒》构思的一个着眼点。"船"，本文的叙事线索之一，是文中的伏笔，是故事的场景。"船"，设置了故事悬念，显现了人物描写中的虚实手法。

这里所选的点，着眼于课文的一种构思手法，引导学生发现并赏析课文中的某种叙事、抒情或描写的线索，这是"选点"中的"构思艺术"的视角。

……

"选点精读"式的教学，在很大程度上能够改变语文教师设计教学的思维方式。我们对此最简单的理解就是，教学中需要突现对某项教学内容的深入品析，但只有在完整的课文环境中"突破"，其"选点"教学的内容才有背景，其训练才有价值。所以，一节运用"选点突破"手法的课，其教学的全程，往往是这样一些教学程序的组合：局部切入—整体感受—选点突破，文意把握—局部切入—选点突破，初知文意—重点品析—选点精读，整体感受—选点品析之一—选点品析之二……

它们恰恰表现出了"板块式"教学思路的优势，教程清晰，有效有用。

13. _____ 学会用"段"

学会用"段",是阅读教学艺术中的一个小概念,可能因为"小",并没有在教学中受到关注与运用,这其实是一种教学遗憾。所谓的教学创新,常常有关于"大"的口号响亮地叫出来,却无法让"段"的教学在我们的课堂上充满诗意、熠熠生辉。

其实,"段"的读写教学,富有韵味与魅力,能够让学生在课堂训练中有"小中见大"的收获。

一、学会用"段"的必要性

下面是小学三年级的课文《赵州桥》的第3段:

这座桥不但坚固,而且美观。桥面两侧有石栏,栏板上雕刻着精美的图案:有的刻着两条相互缠绕的龙,嘴里吐出美丽的水花;有的刻着两条飞龙,前爪相互抵着,各自回首遥望;还有的刻着双龙戏珠。所有的龙似乎都在游动,真像活了一样。

在本课的第三次课堂实践活动中,安排了这样的训练:

1. 请同学们当堂背诵这个段落。

2. 请同学们做好课中听讲笔记:这个美段中,有中心句,有关键词,有优美的句式,有举例子的说明方法。

3. 根据本单元的教学重点和课后练习的要求,请同学们阐释:课文是怎样围绕"美观"一词把这段话写清楚的。

在教师的引导下，同学们学会了这样的阐释：

这段话是这样把赵州桥的"美观"写清楚的：首先，描述、说明的重点是桥面两侧栏板上的精美图案；其次，分别描绘了"两条相互缠绕的龙""两条飞龙""双龙戏珠"等图案的生动画面，表现了图案的精美。

教师利用这个段落所进行的训练，是高效的，也是高难度的。像这样对小学三年级学生所进行的训练，如果稍不注意，在初中阶段的阅读教学中也可能难以做到。

"段"的教学，需要语文教师熟悉这种新生事物，品味其教学的美感，提高自己运用"语段"进行教学的能力。

学会用"段"，就语文教师的教学素养而言，指向三个方面的含义：

一是语文教师应该具有良好的"用段"的教学习惯。

二是语文教师应该具有精深赏析段落的教材研读能力。

三是要学会利用课文的精段设计学生的读写实践活动。

统编初中语文教材，早就用课后练习设计给我们点示了这种教学角度。

《春》：看看课文描绘了哪些春日图景。你最喜欢哪一幅画面？说说你的理由。

《春》：课文读起来富有童趣，又带有诗的味道，清新，活泼，优美。……试找出一些段落细加品味。

《从百草园到三味书屋》：朗读并背诵第2段描写百草园的文字，完成练习。

（1）对这一段景物描写的方法做简要分析。（2）"不必说……也不必说……单是……"中，哪个内容是强调的重点？前两个"不必说"在表达上有什么作用？

《纪念白求恩》：（1）默读课文，归纳各段内容要点，说说课文段落之间的关系。（2）背诵课文第4段。将这一段划分为两个层次，并说说两个层次之间是如何过渡的。

《邓稼先》：（1）结合课文，说说对课文最后一段话的理解。（2）本文分段较多，有时一两句就是一段，简洁精练，铿锵有力。试找一些例子，反复诵读，体会这些语段的表现力。

《背影》：（1）文章第6段写父亲过铁道买橘子的过程。作者是怎样描写父亲的背影的？为什么写得这样详细？（2）第4段写父亲"本已说定不送我"，却"终于决定还是自己送我去"。细读这一段，注意文中的细节，说说你是怎样理解父亲这一举动背后的心理活动的。

《白杨礼赞》：（1）文章开篇入题，紧接着又宕开一笔，用一大段文字描写高原景象。作者描写了怎样的高原景象？这样安排有什么好处？（2）文章最后一段提到楠木，作者的用意是什么？

《壶口瀑布》：反复阅读课文第3、4段，品味其语言的妙处，并试着写一段赏析文字。

《就英法联军远征中国致巴特勒上尉的信》：朗读第3段，根据作者的描述，想象一下圆明园的美。再想一想：在雨果的心目中，圆明园具有怎样的地位？

《岳阳楼记》：朗读课文第3、4段，结合具体语句谈谈它们各自描写什么样的景色，其中蕴含着作者怎样的心境。

……

学会用"段"，有着充分的教材依据。以上课后练习，都是着眼于、着力于"段"的教学，形式丰富，内容深美；其教学内容与活动形式，对语文教师的专业素养提出了很高的要求。

二、怎样学会用"段"

我们怎样学会用"段"呢？

前提条件是，习惯于运用"板块式"教学思路设计一篇课文的阅读教学，在此基础上用一个教学板块来安排"段"的读写训练。

如《纪念白求恩》的教学创意：活动一，理解一篇；活动二，精读一段；活动三，背诵一节。又如《记承天寺夜游》的教学创意：任务一，自读自讲，感知文意；任务二，字词积累，课文译写；任务三，千古名句，精读赏析；任务四，朗读体味，课文背诵。这两个课例中各有一次片段精读活动，它们优化了教学内容，深化了品析训练，变化了课中的教学节奏，表现出一定的教学美感。

"段"的阅读训练，在教学中的取材角度主要有：

（1）精读一个段；（2）精读课文中的某个部分；（3）精读一个段，仿写一个段；（4）精读一个段，背诵一个段；（5）进行文中的段落比较阅读；（6）将短文作为一个段，反复利用几次；（7）将本课中的一个段与其他课文中的一个段进行"联读"；（8）将特别优美的精短课文的重要段落都用上一次等。

最简单易行的方法是"精读一个段"，在课文教学中有意识地安排"段落朗读""段落背读""段落精读""段落微写"等不同角度的活动，以充分利用资源、调整活动类型、丰富教学内容，使"段"的教学成为课文阅读教学中的一种天然的存在。

1.《济南的冬天》教学中"段"的利用。

最妙的是下点儿小雪呀。看吧，山上的矮松越发的青黑，树尖儿上顶着一髻儿白花，好像日本看护妇。山尖全白了，给蓝天镶上一道银边。山坡上有的地方雪厚点儿，有的地方草色还露着；这样，一道儿白，一道儿暗黄，给山们穿上一件带水纹的花衣；看着看着，这件花衣好像被风儿吹动，叫你希望看见一点儿更美的山的肌肤。等到快日落的时候，微黄的阳光斜射在山腰上，那点儿薄雪好像忽然害了羞，微微露出点儿粉色。就是下小雪吧，济南是受不住大雪的，那些小山太秀气！

教师可以从多个方面、多种角度来设计学生的读写训练活动，如：（1）朗读训练；（2）画面命名；（3）层次划分；（4）字词品味；（5）修辞手法品析；（6）色彩描写欣赏；（7）文段美点赏析；（8）文中线索寻觅；（9）本段作用分析；（10）课文读背积累……

2.《白杨礼赞》教学中对课文第5段进行的四次阅读训练。

第三章 设计艺术篇　　139

那是力争上游的一种树,笔直的干,笔直的枝。它的干通常是丈把高,像加过人工似的,一丈以内绝无旁枝。它所有的丫枝一律向上,而且紧紧靠拢,也像加过人工似的,成为一束,绝不旁逸斜出;它的宽大的叶子也是片片向上,几乎没有斜生的,更不用说倒垂了;它的皮光滑而有银色的晕圈,微微泛出淡青色。这是虽在北方风雪的压迫下却保持着倔强挺立的一种树!哪怕只有碗那样粗细,它却努力向上发展,高到丈许,两丈,参天耸立,不折不挠,对抗着西北风。

（1）朗读训练,当堂背诵;（2）分析其结构层次之美;（3）赏析语言的表现力;（4）阐释这段文字在全文中的作用。

这样的训练,不就是让学生有"小中见大"的收获吗?

14. _____ 一文多用，一课多案

一文多用，一次多篇，一课多案，这三"多"都能表现出语文教师优美的教材处理技巧。

一文多用，主要有两个方面的含义：一是一篇课文在阅读教学中多次得到利用，这就是"多角度反复"的课文利用技巧；二是一篇课文可以用于阅读教学，可以用于写作教学，也可以用于说话教学、思维训练等。

一次多篇，指一次阅读教学中进行多篇文章的阅读训练。其教学设计的基本手法是"课文联读""穿插引进""双篇比读""单元综合"等。

一课多案，指一位教师就一篇课文设计出不同的教学方案，而不是通常所说的教师与教师之间的"同课异构"。教师之间的"同课异构"，对于一位教师来讲，基本上没有什么训练与提升的力量，因为教师本人设计的，仍然只是他自己的一个教案。

下面重点介绍一文多用和一课多案。

一、一文多用

任何一位语文教师，都应该具有一文多用的教学意识与技巧。这样能够让我们的思维敏锐起来，让我们的眼光深邃起来，让我们的教学灵动起来。

下面假设《社戏》里面的一个段落是一篇精短课文，看怎样对它进行一文多用。

就在我十一二岁时候的这一年,这日期也看看等到了。不料这一年真可惜,在早上就叫不到船。平桥村只有一只早出晚归的航船是大船,决没有留用的道理。其余的都是小船,不合用;央人到邻村去问,也没有,早都给别人定下了。外祖母很气恼,怪家里的人不早定,絮叨起来。母亲便宽慰伊,说我们鲁镇的戏比小村里的好得多,一年看几回,今天就算了。只有我急得要哭,母亲却竭力的嘱咐我,说万不能装模装样,怕又招外祖母生气,又不准和别人一同去,说是怕外祖母要担心。

将它用于阅读训练:分析它在《社戏》这篇小说中的作用,分析写"船"的奥妙。

将它用于写作训练:我们常常强调要将文章写长、写美,但是,文章有时候是需要写简写短的。现在我们来一起学习此文中一种将事件写短的方法:变"对话法"为"转述法"。

将它用于说话训练:(1)有条理地阐释这段话的层次结构的合理性;(2)学用这段话的结构技法讲述一个小故事。

……

二、一课多案

语文教师,特别是优秀教师,应该经受一课多案的拟制训练。一位语文教师,如果希望用很扎实的训练来提升自己的教学设计水平,就得用"追求创意,一课多案"的境界来严格要求自己。

一课多案,主要指教师个人在进行教学的时候,对同一教学内容设计出两种或者几种不论在外观形态还是在内容安排上都有很大不同的方案,用以对教学内容进行各有角度的探究,用以对不同的教学思路、教学手法进行体验。

一课多案,是一位教师自己的作品,是一种教研现象,是提升教师设计水平的一种优秀手法。这种方法强调的是教师个人的静心思考与精心设计,是一种训练教师、磨炼教师、提高教师教学设计能力的硬措施。

平时教学并不要求教师对每一课都设计出几种详细的教学方案，也并不要求每一位教师都来进行一课多案的教学设计。但从教学科研的角度，从教学艺术的角度，从培养优秀教师的角度，我们可以提出这方面的研习要求和开展这方面的尝试。

一课多案的教学设计，可采用的形式多种多样：

1. 不同教学思路的一课多案。
2. 不同教材处理角度的一课多案。
3. 不同教学手法与活动方式的一课多案。
4. 既设计阅读教学方案，也设计"读课文学写作"的方案。
5. 既设计阅读教学的教案，也设计以学生自主学习为主的学案。
6. 同一篇课文在不同年级教学中的不同方案。
7. 同一篇课文在不同的地区进行教学的不同方案。
8. 同一篇课文面对不同层次学生的不同方案。

……

一课多案的教学设计，可以有如下表现形式：

1. 设计出两种或两种以上的教学详案。
2. 设计出两种或两种以上的教学简案，乃至多种微型教案。
3. 设计出几种教学方案，做到有一篇详案，其他的为简案。
4. 设计出几种教学方案，做到有一篇为主要方案，其他的为预备方案。
5. 勾勒出多种教学设想，优化其中的一篇。

……

下面请欣赏《散步》教学中三种全然不同的教学构思。

第一种

教学创意：欣赏课文中的情味，韵味，意味。

活动之一：反复朗读。

活动之二：多角度品析。

1. 用诗一样的语言概括地表述自己从课文中感受到的"情味"。（情意绵长）

2. 用心体味从课文传神的词语、优美的句式中所表达出来的"韵味"。

（余韵悠长）

3.感受课文的情感倾向，体悟评析文中透露出来的"意味"。（意味深长）

活动之三：学习小结。

第二种

教学创意：微型话题讨论。

1.《散步》课文朗读。

2.《散步》微型话题讨论。

（1）课文标题欣赏。　　　　（2）课文的开头之美。

（3）记叙文中的风景画。　　（4）说说课文中的"波澜"。

（5）课文美句赏析。　　　　（6）欣赏课文的情感美。

（7）"世界"一词的意味。　　（8）我看课文的主题。

3.师生交流。教师课中讲析：课文美句欣赏。

第三种

教学创意：读《散步》，学作文。

学习目标：写好身边一件事。

引入话题：能不能说出这篇文章的10个美点。

教师小结并顺势指导《散步》在作文技巧上给我们的启示：

学点之一：巧取片段（省好多笔墨）。

学点之二：开头突起（迅速地入题）。

学点之三：中间纡行（一波有三折）。

学点之四：结尾峭收（小中来见大）。

学点之五：穿插点染（背景与氛围）。

下面再请欣赏《赫耳墨斯和雕像者》的三种不同的教学创意。

本课教学创意：一课多案，即利用这篇小小的课文，设计三种完全不同的教学方案。

第一种教学创意，一个课时

教学铺垫：（1）寓言知识简介；（2）文中人物关系简介；（3）认字识词。

训练活动一：朗读训练。

教师指导：就细节而言，读好"三问三答"，以表现人物的神采：

问道："值多少钱？"——"值"后面拖一下，体现出关切、认真地询问的样子。

赫耳墨斯又笑着问道："赫拉的雕像值多少钱？"——"笑"字要读出笑意，以表现赫耳墨斯知道宙斯雕像价格之后情不自禁地有点高兴的心理。

于是问道："这个值多少钱？"——可以读成："这个——值——多少钱"。虽然赫耳墨斯此时是化为了凡人，但"神"的高傲仍在，所以多少有点矜持，"多"字可以读得更加夸张些，以表现赫耳墨斯自命不凡的神态。

雕像者回答说："假如你买了那两个，这个算添头，白送。"——读得平静而有波澜。语气很平静，"这个"后面停顿一下，"白送"二字读出波澜："白——送"，表现出随意的并不在乎的情态。

训练活动二：概写训练。

任务：每位同学都要写一个句子，概括这则寓言的大意。句中需要用上一两个四字短语。

同学们写作，发言。

教师小结：这则寓言通过描叙赫耳墨斯自命不凡、主观臆断而在事实面前碰壁的故事，讽刺和批评了那些爱慕虚荣、妄自尊大的人。

训练活动三：分析训练。

要求：请同学们自读课文，将这个故事划分为两个层次。

同学们各自划分，课堂交流。

教师指出：故事的第一句话为一层，后面的故事内容为第二层。

教师再指出：第一层是"概写"，第二层是"细写"。"概写一笔、细写几笔"是一种常用的段落形式，也是常用的段落分析的着眼点。

教师再指导学生批注——这则寓言还可以让我们学着分析其情节结构：故事的开端，故事的发展，故事的高潮与结局。

训练活动四：品析训练。

话题：故事中的"笑"字赏析。

同学们默读，思考，批注，课堂发言。

教师小结：

故事之中的笑——是赫耳墨斯释然的"笑"，是他情不自禁的"笑"，是他暗自得意的"笑"，是他骄矜的"笑"，是他的带有一点幸灾乐祸的"笑"。

一个"笑"字，点示了赫耳墨斯的表情，深刻表现了其心理活动，与"添头""白送"相映衬，形成文意的陡转和巨大反差。

第二种教学创意，一个课时

教学铺垫：（1）作家作品简介。（2）文中人物关系简介。（3）字词教学：化作、神使、庇护、添头。（4）特别强调："雕像"不要写成"雕象"。象，指自然界、人或物的形态、样子。如：现象、形象、印象……（5）知晓故事中第一句话（赫耳墨斯想知道他在人间受到多大的尊重，就化作凡人，来到一个雕像者的店里）的作用：故事的开端，点出了人物、故事的起因、故事的场景。

学习活动一：读懂。

同学们朗读课文，读出故事的味道。

活动：请写一两个成语或四字短语评价故事中的赫耳墨斯。

学生动笔，课中发言。

教师小结：

爱慕虚荣，自视甚高；

自命不凡，骄傲自大；

妄自尊大，自讨没趣；

自以为是，不务正业。

学习活动二：读深。

同学们朗读课文，读好人物的语气。

话题：品一品课文中"三问三答"的表达作用。

学生默读、思考、发言。

教师小结文中"三问三答"的作用：（1）推进故事情节；（2）显现故事细节；（3）刻画人物性格；（4）形成文中波澜。

学习活动三：读美。

同学们朗读课文，读清课文的结构层次。

话题：请同学们试析这则寓言的表达技巧。

同学们课中交流。

教师小结，学生做笔记：

以神喻人，对话展开，心理刻画，白描手法，留下空白，叙议结合。

最美妙的手法是：蓄势于前，急转于后，戛然而止，余味悠长。

第三种教学创意，一个课时

教学铺垫：作家作品简介，寓言知识简介，人物关系简介，课文朗读感知。

教师交代课堂实践活动的安排：一课四写。

写的活动之一：给课文再拟一个标题。

教师示例：尴尬的神使。

学生动笔，发言交流：出乎意料；三问三答的故事；多大的尊重；一座不值钱的雕像；"笑"早了；自以为了不得的赫耳墨斯……

学生发言之中，教师予以一一点评。

写的活动之二：写一个句子，替换课文的第2段。

学生写作，交流：

这则寓言讽刺了那些自以为胜过别人其实远不如别人的人，告诫人们要谦虚谨慎，不要骄傲自大。

这个故事告诉我们，一心只想着自己的身价，想着自己受到多大的尊重，企望人家特别尊重自己，这是一种虚荣心。

写的活动之三：写一两句话，品析这则寓言所运用的写作手法。

教师示例：这则寓言运用了心理描写的手法。

学生思考，写句，表达：这则寓言运用了对话描写的手法；这则寓言运用了照应的手法；这则寓言运用了对比的手法；这则寓言运用了留白的手法；这则寓言运用了意外转折的手法……

教师小结，学生做笔记。

写的活动之四：续写故事，描述赫耳墨斯的瞬间窘态。

教师交代：故事写到"这个算添头，白送"时便戛然而止，请同学们展开想象，自选角度，用简洁生动的语言描述此时的赫耳墨斯。

同学们写作，课中发言。

教师评说，收束教学。

一课多案对于教师的训练意义主要表现在"磨炼"二字上，磨炼教师的耐心，磨炼教师的毅力，磨炼教师的意志，久经这样磨炼的教师，就会成熟起来，老练起来，聪明起来。像一文多用一样，这样的磨炼同样让我们能干起来。

教案的设计，从教师的自我训练来看，应该多写详案，多写带有自己写的课文赏析短文的教案，多写立意于"用课文教"的教案，多写关注学生知识积累和能力训练的教案，多写创新学生实践活动的教案，以此来确保课堂教学效率，以此来促进自身教学设计水平的提升。

15. 提升文学作品的教学艺术

我们需要在研究与实践中为中小学文学作品教学的有效性增加一点力度。

对于文学作品教学研究的重点内容，可作如下描述。

一、教材里的文学作品的教学

文学作品是中小学语文教材的主体教学资源，文学作品的教学是课文阅读教学的核心内容，是灵魂。童话、寓言、神话、诗歌、散文、小说、戏剧等不同文学体裁的作品，伴随着学生的阅读经历。从语言学习的启蒙阶段到后续的语文学习，经过优选的文学作品课文对学生发挥着激发阅读兴趣、培养良好语感、提高审美情趣、濡染思想情感、感受作品形象、欣赏优美语言、形成语言能力、训练读写技能的重要作用。可以说，从小学一年级开始，学生就在文学作品的熏陶感染之中。对如此重要的教学资源与博大精深的教学内容，我们需要下力气进行深刻的实用性研究。

二、中小学文学作品教学的基本任务

根据语文新课标的说法并参考教学评价的有关内容，我们可梳理出中小学文学作品教学的基本任务：

1. 指导学生区分写实作品与虚构作品。
2. 指导学生了解诗歌、散文、小说、童话、寓言、神话、戏剧等文学体裁的基本特征及主要表现手法。

3. 在文学作品的朗读训练中感受、品味、传达作品的思想内涵和感情倾向，从而提高修养，涵养心灵，培养气质，养成高雅的艺术趣味。

4. 在教学中指导学生感受文学作品美的语言，品味美的语言，积累美的语言，学用美的语言，通过阅读欣赏的训练，提升能力，陶冶情操。

5. 训练、指导学生感受形象，品味手法，体会艺术表现力，从中获得对自然、社会、人生的有益启示。

6. 进行语感训练，进行审美教育，进行美的熏陶，培养学生的审美意识和审美情趣，促进学生情感的丰富和发展。

7. 在教学之中指导学生精细阅读一定数量的文学作品课文；落实对学生的朗读、概括、划分、品析、欣赏、阐释、评价等基本阅读能力和思维能力的训练。

8. 指导学生积累数量众多的文学常识；背读、积累一定数量的经典文学作品或片段；积累一定数量的文学术语。

9. 学习、欣赏中国古代优秀作品，为形成一定的传统文化底蕴奠定基础。

10. 在7—9年级，可通过考查学生对形象、情感、语言的领悟程度，来评价学生初步鉴赏文学作品的水平。

明确这些基本任务的目的，是让我们对文学作品的教学内容与难度有比较全面的、清醒的认识，并提醒、警示自己：文学作品的教学，对我们的教学能力、教学技艺提出了严峻的挑战。

三、文学作品的教法探讨与实践

比如，一线语文教师需要把握的文学作品阅读欣赏教学的10种方法：

1. 朗读背诵训练。
2. 结构手法探微。
3. 表达作用品析。
4. 表达效果探究。

5. 表现手法欣赏。
6. 精彩片段细读。
7. 课文语言品味。
8. 课文美点赏析。
9. 课中微写活动。
10. 专项话题鉴赏。

特别是"专项话题鉴赏",即使在高中语文文学作品的课堂教学中,也少有出现。

四、增强语文教师文学作品的欣赏能力

教师没有高度,学生就没有高度;教师没有阅读欣赏能力,就难以训练学生的阅读欣赏能力。语文教师对于文学作品要有敏锐的语感,要有足够的鉴赏能力,要在文学作品课文的教学过程中一步步地提高自己的解析、鉴赏能力。

比如对《社戏》片段的赏析:

这一天我不钓虾,东西也少吃。母亲很为难,没有法子想。到晚饭时候,外祖母也终于觉察了,并且说我应当不高兴,他们太怠慢,是待客的礼数里从来所没有的。吃饭之后,看过戏的少年们也都聚拢来了,高高兴兴的来讲戏。只有我不开口;他们都叹息而且表同情。忽然间,一个最聪明的双喜大悟似的提议了,他说,"大船?八叔的航船不是回来了么?"十几个别的少年也大悟,立刻撺掇起来,说可以坐了这航船和我一同去。我高兴了。然而外祖母又怕都是孩子们,不可靠;母亲又说是若叫大人一同去,他们白天全有工作,要他熬夜,是不合情理的。在这迟疑之中,双喜可又看出底细来了,便又大声的说道,"我写包票!船又大;迅哥儿向来不乱跑;我们又都是识水性的!"

若从一般记叙文的角度进行教学,这个片段恐怕不会在课堂教学中出现,因为教师可能认为它平铺直叙,并不是课文教学的重点、难点与美点。

但从小说教学看，这一段就显现出它的重要性：起笔就写故事的轻波微澜，让故事中的重要人物"双喜"出场；与课文的开端中"和我一同玩的是许多小朋友"相照应，让故事中的"十几个别的少年"也一起出场；设置了小说中人物活动的重要场景——"航船"，于是，"社戏"中的故事才能像风情画似地在我们面前徐徐展开。

很明显，由于教师对小说课文欣赏的能力不同，在课堂教学上表现出来的雅俗也就不一样，这种"不一样"直接与课堂教学效果相关联。

五、把"提高教师课堂教学的语言质量"作为重点内容来抓

语文教师教学语言的最大弱点，就是缺少学科特点，长期以来，大多数的语文课堂教学中，基本上是"家常话"式的表达占主流。特别让人遗憾的是，教师在课堂上对文学作品欣赏中的术语用之甚少。

术语，是与行业、专业、行当有关的专门用语。比如，语文教师除了知晓"开门见山""卒章显志""画龙点睛""侧面烘托"等常见术语之外，还应该知道更多语文的、语言的、修辞的、文学作品技法的术语，以在教学之中恰当地运用，教给学生更多的知识。

如：章法、线索、手法、波澜、工笔、白描、铺垫、衬托、蓄势、照应、伏笔、悬念、渲染、对比、抑扬、虚实、托物、用典、场景、意象、文眼、视角、点染、巧合、留白、节奏、缓笔、象征、断续、顿挫等。

又如"章法"知识：章法主要指诗文布局谋篇的技巧与方法。从阅读欣赏的角度来看，其视点显得丰富而深刻。如：起承转合、重章叠句、开合有度、抑扬有致、虚实相映、疏密得当、轻波微澜、一波三折、悬念层叠、前伏后应、一线串珠、一词经纬、反复穿插、首尾呼应、叙议结合、夹叙夹议、倒叙顺叙、插叙补叙、先总后分、横式结构、纵式结构等，其细节性的技巧奥妙无穷，不胜枚举。

再如赏析诗文手法的四字短语：

构思巧妙　反复歌咏　状物抒情　比兴手法　极力渲染　触景生情

互文见义	白描手法	化动为静	音律铿锵	诗中有画	大处着笔
构思奇特	一动一静	统摄全篇	移情于物	物我交融	情景相生
互相映衬	渲染气氛	着色明丽	借古讽今	情景交融	谐音双关
以小见大	章法谨严	相互对比	前后映衬	铺垫烘托	即兴咏景
咏物言志	借景说理	移步换形	借古讽今	先虚后实	一语双关

……

它们都能表现出教师对语文知识、文学知识的理解、辨识与品析。

术语表现着高度凝练的事物规律，承载着艺术、文化、技能的精髓。对术语的研究不仅仅只是个人的事，也是国家的大事。2014年初，为做好中华思想文化术语的传播工作，经国务院批准，设立了"中华思想文化术语传播工程"。当年12月24日，就有首批81条术语发布，其中与文学艺术有关的就有：格调、情景、神思、文气、兴象、雅俗、意象、滋味、风雅颂、赋比兴、象外之象、景外之景等。

一位语文教师如果对语言文学的术语知之甚少，就会缺乏敏锐的语感，就难以品析、欣赏到作品表达的美妙之处，有时甚至读不出其深浅。这种状态下的语文教学，课文可能是文学的，但教师的语言却会是家常的、平俗的。这就直接降低了课堂教学的质量，直接影响到学生语文素养的形成。

练就运用术语细读课文的本领，应该是任何语文教师必修的教学基本功之一。运用术语读教材，具有一箭多雕的作用与效果，既让我们了解、习得、积累、运用了相关术语，又提高了我们研读、体味课文的水平与能力，更重要的是，经过教师的"传达"，学生在课堂学习中就会有真正实在的收获。

语文教师训练自己运用术语细读课文的能力，主要是要养成好的习惯，面对文本，要求自己用分析、品析、赏析的语言说话，用雅致的、专业的语言说话，久而久之，就能提高水平，形成能力。

中小学统编语文教材的出现，将优化教师课堂教学语言的话题提上了"议事日程"。

统编教材的编写者们倾注了极大的精力，优化了整套教材的编写语言，既表现出高层次的专业素养，又显现出高超的语言水平，给人以美不胜收的阅读享受。

如七上第一单元的导语，句式优美，语音清越：

日月经天，江河行地，春风夏雨，秋霜冬雪，大自然生生不息，四时景物美不胜收。本单元课文用优美的语言，描绘了多姿多彩的四季美景，抒发了亲近自然、热爱生活的情怀……

如《〈诗经〉二首》的预习提示，情感丰富，情趣盎然：

《诗经》中有不少歌咏爱情的诗，或表达对美好爱情的向往和追求，或抒发爱而不得的忧伤和怅惘。这些诗，今天读来仍然会让人怦然心动，获得美的愉悦。诵读这两首诗，用心体会诗中歌咏的美好感情。

如《白杨礼赞》的思考探究题，运用术语，点示知识：

文章开篇入题，紧接着又宕开一笔，用一大段文字描写高原景象。这样安排有什么好处？本文写法有扬有抑，富于变化，体会这种写法的表达效果。

如《登勃朗峰》的阅读提示，章法严整，骈散有致：

作者在文中记述了与友人游览勃朗峰的经历，或浓墨重彩，或简笔勾勒，笔法多变，妙趣横生。写上山，用散文笔法，描绘山中奇景，嶙峋的怪石，变幻的光影，引出无限感慨；写下山，以小说笔法，叙述奇人奇事，惊险的旅途，怪异的车夫，富有传奇色彩。细读课文，或许还能感受到一份别样的幽默。

如《"飞天"凌空》的课文批注，言简意赅，容量饱满：

（1）以白云、飞鸟之动衬托她的沉静。（2）连贯的跳水动作被分解成起跳、腾空、入水三个步骤，逐一描写，犹如慢镜头回放。（3）展现生动的画面，是新闻特写常用的写法。（4）侧面描写，满怀自豪。

如课外古诗词诵读《庭中有奇树》的诗意解说，描述精致，语言优雅：

诗作开头写叶绿花盛，本是春日佳景，但一人独赏，反动思念之情。于是，女主人公攀枝折花，欲寄远人。此花若能寄到，也是一种安慰；然而天长地远，相思何处可达？女子执花在手，无语凝伫，任花香盈袖，愁绪百结，终无可奈何，心生感慨：此花虽美，不能相赠，有何可贵？不过更增思念之苦罢了。全诗因人感物，由物写人，抒写情思，通篇不离"奇树"，篇幅虽短，却有千回百折之态，深得委婉含蓄之妙。

……

似乎编者们所想的是，时时处处，角角落落，都得讲究语言的美，都得讲究书卷之气，都要表现出文学作品审美的味道。这对语文教师是极好的暗示与启迪，教师的课堂教学语言，也应该像语文教材中的语言一样，简明，准确，流畅，生动，雅致，要表现出专业性、准确性、简洁性、情感性、知识性的特点。

语文教师要在长期坚持、想方设法之中提高自己教学语言的表达质量，在文学作品的教学之中坚持运用有文学味道的教学语言。有了这方面的基础并习惯于在课堂教学之中运用，我们的教学语言就会纯粹起来，优雅起来，丰美起来。

六、强调教师在文学作品教学过程中细节到位的能力

注重文学教育，最基本的要求是落实文学作品课文的教学与训练，在教学中进行文学濡染。统编小学、初中语文教材中的古今文学作品数量巨大，都超过了百篇以上，对每一位小学与初中语文教师的教学能力都是非同寻常的挑战。

文学作品的教学，大而言之，需要"得体"，即要清晰地表现出所进行的是诗歌、小说、散文或童话、寓言、剧本的教学；小而言之，需要"得法"，即有思路清晰、学生活动充分、细节到位的课堂实践活动的设计。

文学作品的教学中，非常需要如下方面的细节到位：

1. 坚定地落实单元的训练目标。如七上第一单元：

朗读课文，想象文中描绘的情景，领略景物之美；把握好重音和停连，感受汉语声韵之美。还要注意揣摩和品味语言，体会比喻和拟人等修辞手法的表达效果。

2. 细细地落实单课的训练要求。如七上《古代诗歌四首》：

（1）反复诵读，读准字音，读出节奏，读出韵律，感受诗歌音韵美。（2）体会《观沧海》质朴刚健、音调铿锵的特点。（3）品析《闻王昌龄左迁龙标遥有此寄》以描写"杨花""子规"两样景物起笔的用意。（4）朗读《次北固山下》，体会上下句对偶的精妙。（5）体味《天净沙·秋思》所营造的特别氛围。

3. 特别突现学生赏析能力的训练。如九上《孤独之旅》：

小说紧扣杜小康的心理变化展开叙述和描写，写出了人物在特定环境中的情感波澜，心理刻画细致入微。此外，大量的环境描写对人物也起到了很好的烘托作用，富有韵味的语言营造了诗一般的氛围。阅读时找几个触动你心灵的段落，细细品读，体会小说的诗意。

4. 语文知识、文学知识的积累要随课进行。如：

七上《散文诗二首》：散文诗有诗的情绪与想象，像诗一样精粹、凝练，但不像诗歌那样分行与押韵，而是以散文形式呈现。

九上《岳阳楼记》：北宋诗人陈师道曾经指出："范文正公为《岳阳楼记》，用对语说时景，世以为奇。"这篇散文融入了赋的特点，大量运用排比、对偶等修辞手法，富有文采和诗意，读起来朗朗上口，铿锵有力。有感情地朗读课文，体会其语言美，并在熟读的基础上背诵。

九上《智取生辰纲》：小说围绕着生辰纲的争夺，采取了明暗结合的双线结构。明线是什么？暗线又是什么？这样安排有什么好处？

5. 遵循课文规定的教学标高与难度。如九上第一单元现代诗歌的自主欣赏要求：

这几首诗有哪些意象？它们分别具有怎样的特点？诗人通过这些意象描绘了怎样的画面或营造了怎样的意境？

尝试创作：选择一个对象，写一首小诗，抒发自己的情感，写作过程中，注意意象、句式和节奏等。

在完成以上任务的基础上，任选一首你喜欢的诗，写一段赏析文字。

6.确保背诵积累内容的当堂落实。

七、艺术地设计文学作品教学中富有美感的课堂实践活动

研究文学作品的教学设计，要尊重阅读教学的基本规律。文学作品的教学，同样要落实阅读教学的基本训练任务：注重语言的积累、感悟和运用，注重基本技能训练，让学生打好扎实的语文基础。研究文学作品的教学设计，要突现其本身的基本特征，即聚焦于体味文学作品的美感，让学生在审美的学习氛围中提升能力，增加知识，陶冶身心。

如《祝福》教学中的"专项话题鉴赏"活动，它引领学生进行文学作品的欣赏实践，焕发出美妙的光彩：

《祝福》的文学欣赏话题："反复"手法，是《祝福》表现人物命运的主要表现手法。

教师示例：

重大的事件是：祥林嫂两次婚姻，两次死丈夫，两次来到鲁四老爷家当女工。

师生在课文欣赏中品析到的内容主要有：

对人物"脸色"的反复描写贯串全文，"脸色"的描写与人物命运的发展密切关联，起伏于文中，形成一条线索。

对人物"眼睛、眼色、眼神"的反复描写也贯串于全文之中。它与"脸色"的描写同在，表现着人物的性格、心情、命运。

景物描写的重点是"雪花"。它们反复出现，设置场景，烘托气氛，表现人物。一句"天色愈阴暗了，下午竟下起雪来，雪花大的有梅花那么大，

满天飞舞,夹着烟霭和忙碌的气色,将鲁镇乱成一团糟"极为简练,却敷设了"祝福"故事沉闷的氛围基调。

表达最为深沉的是对"我真傻,真的"的反复渲染。这是写作中的复笔技巧,其形式特点有点像音乐中的三重奏或者四重唱。它们反复出现,浓重地表现着人物命运中的无限悲哀。

细节描写的反复能在简短的字句之中表现出"一笔两写"的力度,"祥林嫂,你放着罢!我来摆。"四婶慌忙的说。……"祥林嫂,你放着罢!我来拿。"四婶又慌忙的说。……"你放着罢,祥林嫂!"四婶慌忙大声说。……这里的描写岂止只是表现四婶,它们已是祥林嫂走向死亡的前奏。

另外,还有两次"头上扎着白头绳,乌裙,蓝夹袄,月白背心"的肖像描绘等。连对祥林嫂额上的"伤疤"的成因描写也用了反复手法……

象征手法的运用尤为巧妙。如下面对四次"死亡"的描写:

(1)直到十几天之后,这才陆续的知道她家里还有严厉的婆婆;一个小叔子,十多岁,能打柴了;她是春天没了丈夫的;他本来也打柴为生,比她小十岁:大家所知道的就只是这一点。

(2)这实在是"天有不测风云",她的男人是坚实人,谁知道年纪青青,就会断送在伤寒上?

(3)春天快完了,村上倒反来了狼,谁料到?

我单知道下雪的时候野兽在山墺里没有食吃,会到村里来;我不知道春天也会有。

(4)"不早不迟,偏偏要在这时候,——这就可见是一个谬种!"

祥林嫂命运中所有的重大不幸,都与"死"密切关联,都在春天里或迎春之中发生。这样的反复,表现出极为巧妙的象征,含义深刻,耐人寻味。

那就是:祥林嫂,一个没有春天的女人。

一个课时之中,就让学生对《祝福》的赏析有了一定的深度、美度、广度。

第四章 作文教学篇

本章导读
————

　　阅读与写作教学质量的共同提升，永远是天然合理的。追求有效的、高效的作文教学，于学生而言，能够得到真正意义上的系统的动笔训练；于教师而言，则能够增长才干，增加积累。本章从"在资料的研究中提高作文教学水平""提炼表达规律，进行作文训练""范文引路，确保有效的课堂作文训练"等角度介绍了作文教学与研究的若干技法，希望能引起同仁们的共鸣。

1. 充分利用教材中的写作训练资源

提炼用于作文指导的资源，从观察写作现象的角度来读课文，于读于写，一举两得。

研读课文，发现写作指导的范本，甚至探寻到表达的规律，于教材充分利用、教师水平提升，也是一举两得。

写作的范本，也就是可以体现构思与表达规律的句式、段式以及整篇文章。发现写作的范本，于高效指导学生的书面表达与口头表达，都是非常有意义的课文研读。

对于学生的作文指导，我们应该有一个尊重客观事实的基本认识，那就是，任何技能，都需要经过训练，作文是一种表达的技能，所以也需要训练。

因为学生的作文能力需要训练才能提高，所以写作的范式非常重要。课文，就是写作范式的重要来源之一。

本文在举例上换一个角度，全部列举曾经的或现在的小学语文课文的例子，从小学一年级一直列举到六年级，这样也可以让中学语文教师来感受一下这些例子在"作文技巧"上表现出来的优胜之处。

一、表现共同规律的课中美"段"

1.我们家里一向是喜欢花的：虽然没有什么非常名贵的花，但是常见的花却是应有尽有。每年春天，迎春花首先开出黄色的小花，报告春的消息。以后接着来的是桃花、杏花、海棠、榆叶梅、丁香等等，院子里开得花团锦簇。到了夏天，更是满院生辉。凤仙花、石竹花、鸡冠花、四色梅、江西腊等等，五彩缤纷，美不胜收。夜来香的香气熏透了整个的夏夜的庭院，是我什么时候也不会忘记的。一到秋天，玉簪花带来凄清的寒意，菊花则在秋风中怒放。一年三季，花开花落，万紫千红。（摘自季羡林《夹竹桃》）

2. 登上万寿山，站在佛香阁的前面向下望，颐和园的景色大半收在眼底。葱郁的树丛，掩映着黄的绿的琉璃瓦屋顶和朱红的宫墙。正前面，昆明湖静得像一面镜子，绿得像一块碧玉。游船、画舫在湖面慢慢地滑过，几乎不留一点儿痕迹。向东远眺，隐隐约约可以望见几座古老的城楼和城里的白塔。（摘自《颐和园》）

3. 每当夜幕降临的时候，香港就成了灯的海洋。港湾里闪耀的灯光，像五颜六色的焰火，洒落人间。马路上一串串明亮的车灯，如同闪光的长河，奔流不息。高楼大厦的霓虹灯光彩夺目，热情欢迎来自五洲四海的游客。（摘自《香港，璀璨的明珠》）

4. 楼前悬崖上有"迎客""陪客""送客"三大名松。迎客松姿态优美，枝干遒劲，虽然饱经风霜，却仍然郁郁苍苍，充满生机。它有一丛青翠的枝干斜伸出去，如同好客的主人伸出手臂，热情地欢迎宾客的到来。如今，这棵迎客松已经成为黄山奇松的代表，乃至整个黄山的象征了。陪客松正对玉屏楼，如同一个绿色的巨人站在那儿，在陪同游人观赏美丽的黄山风光。送客松姿态独特，枝干蟠曲，游人把它比作"天然盆景"。它向山下伸出长长的"手臂"，好像在跟游客依依不舍地告别。（摘自《黄山奇松》）

5. 三亚在海南岛的最南端，被蓝透了的海水围着，洋溢着浓浓的热带风情。蓝蓝的天与蓝蓝的海融成一体，低翔的白鸥掠过蓝蓝的海面，真让人担心洁白的翅尖会被海水蘸蓝了。挺拔俊秀的椰子树，不时在海风中摇曳着碧玉般的树冠。海滩上玉屑银末般的细沙，金灿灿亮闪闪的，软软地暖暖地搔着人们的脚板，谁都想捏一捏，团一团，将它揉成韧韧的面。（摘自《三亚落日》）

上述五个段落，其结构层次是一样的，都是先概写一笔，再细写几笔。通俗地说，每个段的写法都是：先确立一个中心句，然后围绕着中心句展开描述。

但它们展开的顺序却各不相同。段1按时令季节的顺序，即时令为序，层层推进；段2按观察点的顺序，视点变换，由近及远；段3按事物位置的不同展开，角度丰富，取材精致；段4按主次的顺序，主次分明，详略有致；段5按高下的顺序，先宏后微，镜头特写。

这就是美妙的写作现象：整体上有规范，细节上有不同。利用它们训练学生写段的能力和说话的能力，一定合乎规律、角度灵动、省时高效。

二、若干优美课文展示

小学二年级的课文《雷雨》：

雷　雨

满天的乌云，黑沉沉地压下来。树上的叶子一动不动，蝉一声也不叫。

忽然一阵大风，吹得树枝乱摆。一只蜘蛛从网上垂下来，逃走了。

闪电越来越亮，雷声越来越响。

哗，哗，哗，雨下起来了。

雨越下越大。往窗外望去，树哇，房子啊，都看不清了。

渐渐地，渐渐地，雷声小了，雨声也小了。

天亮起来了。打开窗户，清新的空气迎面扑来。

雨停了。太阳出来了。一条彩虹挂在天空。蝉叫了。蜘蛛又坐在网上。池塘里的水满了，青蛙也叫起来了。

非常好的层次感：雷雨前、雷雨中、雷雨后；非常好的结构：散文诗一样，一句一段；非常好的描写，每一句每一段都是一幅画面；非常好的句式：短句的表达形式丰富，句子修饰语用得特别好；非常好的节奏：有动有静，有明有暗，有声有色；非常好的开头与结尾：互相映衬，相互照应。这样的文章用于指导描写"美好的瞬间"，一定是好范文。

小学三年级的课文《赵州桥》：

赵州桥

河北省赵县的洨河上，有一座世界闻名的石拱桥，叫安济桥，又叫赵州桥。它是隋朝的石匠李春设计和参加建造的，到现在已经有一千四百多年了。

赵州桥非常雄伟。桥长五十多米，有九米多宽，中间行车马，两旁走人。这么长的桥，全部用石头砌成，下面没有桥墩，只有一个拱形的大桥洞，横跨在三十七米多宽的河面上。大桥洞顶上的左右两边，还各有两个拱形的小桥洞。平时，河水从大桥洞流过，发大水的时候，河水还可以从四个小桥洞流过。这种设计，在建桥史上是一个创举，既减轻了流水对桥身的冲击力，使桥不容易被大水冲毁，又减轻了桥身的重量，节省了石料。

这座桥不但坚固，而且美观。桥面两侧有石栏，栏板上雕刻着精美的图案：有的刻着两条相互缠绕的龙，嘴里吐出美丽的水花；有的刻着两条飞龙，前爪相互抵着，各自回首遥望；还有的刻着双龙戏珠。所有的龙似乎都在游动，真像活了一样。

赵州桥表现了劳动人民的智慧和才干，是我国宝贵的历史遗产。

这是结构层次完整、严密、精致的说明文。第1—3段是事物的说明，第4段是赞美与评价。从文章的主体部分看，第2段说明的是赵州桥的"雄伟"，第3段说明的是赵州桥的"美观"，这是很得体的逻辑层次。文中有着严整的段式，有着多样的句式，还有着丰富美好的词汇。作者运用了特点分明的表达方法。第2段中的表达是平实的，第3段中的表达是生动的，既平实又生动是这篇文章的语言表达特点。第3段中介绍"精美的图案"时将静物写动、将静物写活、将静物写美的表达方法非常值得我们感受与品味。这样的文章，怎能不让我们充分利用它在写作上的长处！

小学四年级的课文《牧场之国》：

牧场之国

荷兰，是水之国，花之国，也是牧场之国。

一条条运河之间的绿色低地上，黑白花牛，白头黑牛，白腰蓝嘴黑牛，在低头吃草。有的牛背上盖着防潮的毛毡。牛群吃草时非常专注，有时站立不动，仿佛正在思考着什么。牛犊的模样像贵夫人，仪态端庄。老牛好似牛群的家长，无比尊严。极目远眺，四周全是丝绒般的碧绿草原和黑白两色的花牛。这就是真正的荷兰。

这就是真正的荷兰：碧绿色的低地镶嵌在一条条运河之间，成群的骏马，匹匹膘肥体壮。除了深深的野草遮掩着的运河，没有什么能够阻挡它们飞驰到远方。辽阔无垠的原野似乎归它们所有，它们是这个自由王国的主人和公爵。

在天堂般的绿色草原上，白色的绵羊，悠然自得。黑色的猪群，不停地呼噜着，像是对什么表示赞许。成千上万的小鸡，成群结队的长毛山羊，在见不到一个人影的绿草地上，安闲地欣赏着这属于它们自己的王国。这就是真正的荷兰。

到了傍晚，才看见有人驾着小船过来，坐上小板凳，给严肃沉默的奶牛挤奶。金色的晚霞铺在西天，远处偶尔传来汽笛声，接着又是一片寂静。在这里，谁都不叫喊吆喝，牛脖子上的铃铛也没有响声，挤奶的人更是默默无言。运河之中，装满奶桶的船只在舒缓平稳地行驶。满载着一罐一罐牛奶的汽车、火车，不停地开往城市。车船过后，一切又恢复了平静。最后一抹晚霞也渐渐消失了，整个天地都暗了下来。狗不叫了，圈里的牛也不再发出哞哞声，马也忘记了踢马房的挡板。沉睡的牲畜，无声的低地，漆黑的夜晚，远处的几座灯塔在闪烁着微弱的光芒。这就是真正的荷兰。

仪态端庄的牛犊，膘肥体壮的骏马，悠然自得的其他家畜家禽，辽阔无垠的草原，好个田园诗情！全文呈总分式结构，运用了写意画的描写笔法，讲究诗化的韵味和文章节奏的变化，讲究画面素描中的色彩动静和相互映衬。从全文的思路看，由物到人；从写物的部分看，由主及次。"这就是真正的荷兰"反复穿插，贯串全文而又一唱三叹。这真是极好的语言读背教材和写作示范材料。

小学五年级的课文《走遍天下书为侣》：

走遍天下书为侣

如果你独自驾舟环绕世界旅行，如果你只能带一样东西供自己娱乐，你会选择哪一样？一幅美丽的图画，一本有趣的书，一盒扑克牌，一个百音盒，还是一只口琴……似乎很难作出选择。

如果你问我，我会毫不犹豫地回答："我会选择一本书。"一本书！我听到有人感叹了：如果你坐船周游世界，这一趟下来，你可以把它读上一百遍，最终你能背诵下来。

对此，我回答是：是的，我愿意读上一百遍，我愿意读到背诵的程度。这有什么关系呢？你不会因为以前见过你的朋友就不愿再见到他们了吧？你不会因为熟悉家中的一切就弃家而去吧？你喜爱的书就像一个朋友，就像你的家。你已经见过朋友一百次了，可第一百零一次再见面时，你还会说："真想不到你懂这个！"你每天都回家，可不管过了多少年，你还会说："我怎么没注意过，灯光照着那个角落，光线怎么那么美！"

你总能从一本书中发现新东西，不管你看过多少遍。

所以，我愿意坐在自己的船里，一遍又一遍地读那本书。首先我会思考，故事中的人为什么这样做，作家为什么要写这个故事。然后，我会在脑子里继续把这个故事编下去，回过头来品味我最欣赏的一些片段，并问问自己为什么喜欢它们。我还会再读其他部分，并从中找到我以前忽略的东西。做完这些，我会把从书中学到的东西列个单子。最后，我会想象作者是什么样的，他会有怎样的生活经历……这真像与另一个人同船而行。

一本你喜爱的书就是一位朋友，也是一处你随时想去就去的故地。从某种意义上说，它是你自己的东西，因为世上没有两个人会用同一种方式读同一本书。

这是很漂亮的随感的写法，很巧妙的抒情小品的写法。全文的整体构思是假设情境，角度很新颖，铺叙很顺畅。全文展开的手法是设问，层次很清晰，细节很到位。全文的表达风格是谈心式的，表达很自然，语言很清新。

全文共六段，从整体的角度看，可谓每一段都好。第1段是设境式的开头,第 2 段是总提式的抒写,第 3 段是设喻式的表达,第 4 段是承上启下的过渡,第 5 段有总分主次式的层次,第 6 段是点睛式的收束,无一不得体,无一不优雅。

六年级的课文《怀念母亲》:

怀念母亲

我一生有两个母亲,一个是生我的母亲,一个是我的祖国母亲。我对这两个母亲怀着同样崇高的敬意和同样真挚的爱慕。

我六岁离开我的生母,到城里去住。中间曾回故乡两次,都是奔丧,只在母亲身边待了几天,仍然回到城里。在我读大学二年级的时候,母亲弃养,只活了四十多岁。我痛哭了几天,食不下咽,寝不安席。我真想随母亲于地下。我的愿望没能实现,从此我就成了没有母亲的孤儿。一个缺少母爱的孩子,是灵魂不全的人。我怀着不全的灵魂,抱终天之恨。一想到母亲,就泪流不止,数十年如一日。

后来我到德国留学,住在一座叫哥廷根的孤寂的小城,不知道为什么,母亲频来入梦。我的祖国母亲,我是第一次离开她,不知道为什么,我这个母亲也频来入梦。

为了说明当时的感情,我从初到哥廷根的日记中摘抄几段:

1935 年 11 月 16 日

不久外面就黑起来了。我觉得这黄昏的时候最有意思。我不开灯,又沉默地站在窗前,看暗夜渐渐织上天空,织上对面的屋顶。一切都沉在朦胧的薄暗中。我的心往往在沉静到不能再沉静的时候,活动起来。我想到故乡,故乡里的老朋友,心里有点酸酸的,有点凄凉。然而这凄凉却并不同普通的凄凉一样,是甜蜜的,浓浓的,有说不出的味道,浓浓地糊在心头。

11 月 18 日

好几天以前,房东太太就向我说,她的儿子今天从学校回家来,她高兴得不得了……但她的儿子一直没有回来,她有点沮丧。她又说,晚上还有一趟车,说不定他会来的。看到她的神情,我想起自己长眠于故乡地下的母亲，真想哭！我现在才知道，古今中外的母亲都是一样的！

11月20日

我现在还真是想家，想故国，想故国的朋友。我有时想得简直不能忍耐。

11月28日

我仰躺在沙发上，听风路过窗外。风里夹着雨。天色阴得如黑夜。心里思潮起伏，又想到故国了。

我从初到哥廷根的日记里，引用了这几段。实际上，类似的地方还有很多，从这几段中也可见一斑了。一想到生身母亲和祖国母亲，我就心潮翻涌，留在国外的念头连影儿都没有。

……

这是季羡林先生笔下的美文，从全文写法来看，应该是中考或者高考作文复习指导中写事抒情的最好范文之一，从局部的表达来看，是训练学生如何写日记的难得材料。本文的表达特点是：通篇情感洋溢，处处都有故事，结构形式新颖，诗意小段联缀。最妙是设计了"镶嵌式"的结构，同时又表现出"引用式"手法。四则日记，叠加反复，写事抒情，既有诗情，又显力度，既显文章重点部分之美，又表现出文章细部结构的清朗。美点妙处，不一而足。

从课文中提取写作训练的资源，在课文的利用上往往表现出这样的规律，即低年级的课文往往是高年级学生的写作范文，小学的课文甚至可以用作中考作文的范文。

提炼用于作文指导的资源，是语文教师美读教材的高雅境界。

提炼用于作文指导的资源，开拓了中小学语文教材有效利用的广阔空间。

2. 在资料研究中提高作文教学水平

　　任何学科领域里的科学研究，都离不开资料研究，优质的作文教学也是一样。

　　语文教师的作文教学资料的研究，涉及两项重要的内容：一是长期坚持作文教学资料特别是范文的积累，二是对作文教学资料进行科学的分析研究。

　　在作文教学中，利用中小学语文教材中的课文、中小学语文教材中作文训练点的设计、文学名著中的精彩篇章、作文教学专业书籍、日常报刊中的精美文章、中小学生优秀作文、考场满分作文等资料，对文章写作所进行的形式与手法的研究，就是作文教学中的资料研究。其好处是能从有关资料中提炼出精巧实用的句、段、篇的写作形式，能收集、整理、收藏大量的范文并欣赏其精妙之处，能从文体的角度，对写作技法进行综合的研究。

一、作文教学资料的研究，重在表达规律的发现

阳　光

　　阳光像金子，洒满田野、高山和小河。

　　田里的禾苗，因为有了阳光，更绿了。山上的小树，因为有了阳光，更高了。河面闪着阳光，小河就像长长的锦缎了。

　　早晨，我拉开窗帘，阳光就跳进了我的家。

　　谁也捉不住阳光，阳光是大家的。

　　阳光像金子，阳光比金子更宝贵。

这是人教版小学一年级的阅读课文，经过抽象与提炼，可以发现它表现出来的是咏物类文章构思与表达的一种规律，即"先引出事物—再描述事物—最后托物寄意"的写作"三步曲"。小学语文课文中，《白鹭》《丁香结》《珍珠鸟》是这样的；中学语文课文中，《紫藤萝瀑布》《荷叶·母亲》乃至《白杨礼赞》也是这样的，都表现出"三步曲"式的结构与手法的规律。这种规律一经点示给适当年级的学生，便可以让他们由一篇知一类，带给他们一定的语感与文感，从而能够在规律的影响下进行自由而比较规范的写作。

　　"规律"二字非常重要，作文指导教学，在"规律"的点拨上着眼，无疑是比较科学而高效的；有研究能力的语文教师，都可以在此方面进行尝试，以发现更多更实用的写作规律，以对学生进行有效、科学的指导。

　　作文教学资料的研究，要有比较集中的视点。如：

1. 一般记叙文的章法特点与大致规律的研究。
2. 一般说明文的章法特点与大致规律的研究。
3. 一般议论文的章法特点与大致规律的研究。
4. 与生活密切关联的写作能力训练，如"读后感""短评"的构思方法研究。
5. 某种特别有用的大众化的构思规律，如"横式结构"的研究。
6. 学生必须经历的某种写作训练，如"我的一天"的构思形式研究。
7. 中考、高考作文复习备考中的作文训练点的研究。
8. 文章特别部位，如"开头""结尾"的多种形式的提炼研究。
9. 文章特别手法，如"倒叙""插叙"的形式研究。
10. 各种段落结构及展开形式的研究。
11. 各种不同句式的表达形式及实际运用的研究。
12. 对现实生活中创新的短文构思形式和手法进行发现与研究等。

　　如果我们用资料说话，从大量的资料中提取有用的写作指导的精华材料，教师就能有丰富的积累，学生就能有直观的范本。

二、作文教学资料的研究，要运用省时、高效的好方法

　　作文教学资料的研究，最需要的是专项研究的方法。

所谓"专项研究"，就是视点小内容深、例证丰富而又不离学术的专门话题的研究。如我们所说的"开门见山"开头形式的研究，就是专项研究。因为视点集中而材料丰富，就可以表现出规律或经验的普遍适用性。

专项研究的操作方法大致分为四个步骤：

第一步，对某种写作现象产生研究的兴趣；

第二步，有意识地大量积累同类写作现象的例文；

第三步，对所积累的丰富材料进行大致的分类；

第四步，在此基础上进行精华的提取或规律的抽象。

关于"游记"写作的专项研究

关于"游记"写作的专项研究，就是在积累大量课文的基础上进行的精华内容的提取，其成果能够大大超过我们平时零散的见识。

《颐和园》："移步换景"之法。其示范作用是点示整体构思的要领：游踪明晰，移步换景，景景相联，一处一处地写。

《观潮》："游人不游"之法。它反"移步换景"之道，重点写景写物：游人定点观察，眼前情景变化，一时一时地写。

《长城》："重点突现"之法。它表现出特别的表达方法：略写一点游踪，着力一处景点，接着想象、议论、抒情，一实一虚地写。

《桂林山水》："描绘画面"之法。它告诉我们这样写游记：总提分述，山水相联，优美抒情，巧用句式，一类一类地写。

《鸟的天堂》："两次铺叙"之法。它前有铺垫，描叙大榕树；后有细化，写榕树上的鸟的天堂，表现出美妙的构思技法，一抑一扬地写。

《山中访友》："对物抒情"之法。它运用第二人称的方式，在移步换景之中对所见景物抒发喜爱之情，语言精美，画面优雅，一"幅"一"幅"地写。

《一滴水经过丽江》："一线串珠"之法。它运用拟人自述的手法，将作者化身为一滴水，在流动之中表现丽江古今的美景，由"古"及"今"地写。

……

关于"我的一天"写作指导的研究

关于"我的一天"写作指导的研究，也是很有味道的专项研究，其范文都取自小学语文教材。

"我的一天"的构思指导，如果有下面一系列的细节，那可真是美不胜收。

第一种：按序简洁记叙，如课文《难忘的一天》。

第二种：详写一段过程，如课文《信任》。

第三种：展开对话瞬间，如课文《我不能失信》。

第四种：精心安排详略，如课文《掌声》。

第五种：大段议论结尾，如课文《钓鱼的启示》。

第六种：拉开时间距离，如课文《老师领进门》。

第七种：穿插景物描写，如课文《那片绿绿的爬山虎》。

第八种：运用插叙手法，如课文《窃读记》。

以上"我的一天"，表现出来的是某一训练项目，八篇范文，就是八种不同章法的结构形式。这种专项研究能够让我们将某项作文指导的细节研究做到极致，让学生得到角度灵动、形态多姿、表达优美的综合构思训练，并由此具备很强的变通、创新的表达能力。

三、作文教学资料的研究重点

一是对"写作思维"的研究，二是对"写作范式"的研究，三是对"写作类别"的研究。

"写作思维"的研究

所谓"写作思维"，就是大量文章中表现出来的表达习惯及表达规律。对写作思维的研究，可以帮助我们解决写作规律方面的一些问题。

如"起承转合""先总后分"就是写作思维；再如，"总分结构"是一种写作思维，"三"的表达是一种写作思维，"四"的结构是一种写作思维，"五"

段式结构是一种写作思维,"叙议结合"是一种写作思维,"横式结构"是一种写作思维,"春夏秋冬"是一种写作思维,"山水相依"是一种写作思维,"对比衬托"是一种写作思维,"抑扬有致"是一种写作思维,"咏物抒情"是一种写作思维,"宕开一笔"是一种写作思维,"抒情句反复穿插"是一种写作思维……

寻觅到写作思维的规律,发现了写作思维的形式,我们指导与训练学生,就首先能达到"规范"的标高。

"写作范式"的研究

所谓"写作范式",就是能够给学生的作文写作以示范的文章形式。写作范式的研究,因为有范文的直观启示,可以规范地、具体地解决作文指导方面的一些问题。作文指导教学,比较好的方法是"范文引路"。范文所表现出来的,是规律,是经验,是意美、语美、形美的高效濡染。范文正是因为表现出构思写作的规律而具有示范性。

如人教版四下的课文、杏林子的《生命 生命》,就是一篇好范文:

生命 生命

我常常想,生命是什么呢?

夜晚,我在灯下写稿,一只飞蛾不停地在我头顶上方飞来飞去,骚扰着我。趁它停下的时候,我一伸手捉住了它。只要我的手指稍一用力,它就不能动弹了。但它挣扎着,极力鼓动双翅,我感到一股生命的力量在我手中跃动,那样强烈!那样鲜明!飞蛾那种求生的欲望令我震惊,我忍不住放了它!

墙角的砖缝中掉进一粒香瓜子,过了几天,竟然冒出一截小瓜苗。那小小的种子里,包含着一种多么强的生命力啊!竟使它可以冲破坚硬的外壳,在没有阳光、没有泥土的砖缝中,不屈向上,茁壮生长,即使它仅仅只活了几天。

有一次,我用医生的听诊器,静听自己的心跳,那一声声沉稳而有规律的跳动,给我极大的震撼,这就是我的生命,单单属于我的。我可以好好地使用它，也可以白白地糟蹋它。一切全由自己决定，我必须对自己负责。

虽然生命短暂，但是，我们却可以让有限的生命体现出无限的价值。于是，我下定决心，一定要珍惜生命，决不让它白白流失，使自己活得更加光彩有力。

这篇课文，开门见山，一句话引出话题，接着撷取生活的实例，用叙议结合的方法展开，收笔照应全文。全文脉络清晰，结构简单，顺序合理，情趣盎然，这种构思方法可以命名为"叙议结合、叠加反复"。教师指导初中的学生学习这种构思技法，应该颇有效果。

"写作类别"的研究

所谓"写作类别"的研究，就是研究学生在一定的学段中最好进行哪些文体文类的写作训练，以开拓训练视野。目前义务教育阶段的作文教学研究，在写作类别上，视野还显得比较狭窄，往往只是按照教材规定的训练点组织"大作文"的写作训练，或者只是让学生写写日记。

其实从学生适应未来社会和生活需要的角度看，从学生的写作能力的全面发展来看，我们非常需要对学生学习写作的类别进行探究。不少让学生终身受用的写作训练目标还没有进入我们的视线，例如微格简叙、凡人趣事、观景短文、微型报导、随感随笔、图书短评、微型说明、袖珍议论、人物写真、活动报道、事物短论、知识趣说、精短时评、活动侧记、读书笔记、新闻采访、人物小传、工艺说明、发言摘录、简明统计、活动综述、科普微文，甚至节目串词等，都是可以依凭丰富的资料进行一些研究的。

进行作文教学方面的资料研究，是一种积累研究，是一种发现研究，是一种创新研究，它需要毅力，需要坚持，需要心有所系。当这种研究有了一点发现，有了一点在发现基础上的教学实践，研究者一定有一种很幸福的感觉。

语文教师在作文方面的大量积累指的是：

1. 大量积累范文。
2. 大量积累有关作文的教学设计、教学方案。

3. 大量积累作文指导中要用的作文知识。

4. 大量积累能表现表达规律的语言片段。

5. 大量积累从课文中提炼出的构思技法。

6. 大量积累作文训练学术文献的参考目录。

7. 大量积累与中考、高考作文训练有关的文献或材料。

8. 大量积累教师自己写作的作文评改文字、作文指导文字。

这些积累,是语文教师在日常阅读、浏览、备课之时有心的、随手的积累,久而久之,就能成为储存丰富的资料仓库。

丰厚的作文教学资料积累,是语文教师翱翔在作文教学天地中坚实的翅膀。

希望更多的一线语文教师在作文教学资料性研究方面创造出新颖丰富的成果。

3. _____ 要重视对作文表达规律的提炼

所谓"写作思维",就是大量文章中表现出来的表达习惯及表达规律。对写作思维的研究,可以帮助我们解决作文教学中对学生进行有效指导的一些问题。

发现写作思维的规律,发现写作思维的形式,我们指导与训练学生,就能首先达到"准确""规范"的标高。对学生进行构思规律的指导,是写作教学中最有训练实效的指导之一。

语文教师要善于、精于对文章构思规律的发现与概括,并将这种发现提炼出来。只有这样,才能真正懂得其构思之奥妙,才能够让学生真正地受益。如对下面小学课文《赶海》的观察、品析与发现。

赶 海

杨 谦

"小时候,妈妈对我讲,大海就是我故乡……"每当我唱起这支歌,便想起童年赶海的趣事。

那是暑假里的一天,我闹着要舅舅带我去赶海,舅舅答应了。来到海边,刚巧开始退潮,海水哗哗往下退,只有浪花还不时回过头来,好像不忍离开似的。我兴奋极了,飞跑着追赶远去的浪花。

这时,沙滩上已经有好多人了,他们有的捉螃蟹,有的捞海鱼,有的捡贝壳……我在海水里摸呀摸呀,嘿,一只小海星被我抓住了!哎,那边一个小伙伴,正低着头寻找着什么。我走过去想看个究竟,小伙伴只努努嘴儿,不作声，原来是一只螃蟹不甘束手就擒，正东逃西窜哩。突然，小伙伴"哎哟"一声叫起来，原来是螃蟹用大螯夹住了他的手。咦，怎么我的脚也痒痒的？低头一看，哦，原来是一只大虾在逗我呢！它摇摆着两条长须，活像戏台上的一员武将。我轻轻伸过手去，只一捏，这武将就成了我的俘虏，再也神气不起来了。

太阳偏西了，赶海的人们三三两两地离去，喧闹的海滩渐渐恢复了平静，只有海鸥还沐浴着晚霞的余晖，在水天之间自由自在地飞翔。

我一边往回走，一边哼起了最爱唱的歌："小时候，妈妈对我讲，大海就是我故乡……"

对本文写作技法的发现：

1. 观察全文：这是一篇写自己童年趣事的文章，一篇写好一件小事的文章，一篇着力于场景描写的文章，一篇首尾生动照应的文章，一篇既写事又抒情的文章。

2. 细部观察之一：第1段用了引用手法，巧妙点示"大海"二字。"童年赶海的趣事"引领全文。

3. 细部观察之二："那是暑假里的一天"承上启下，切入故事，点示故事的起因与故事情节的发展，为下面细致的描写设置了背景，做好了铺垫。

4. 细部观察之三：第3段进行详写，运用"简笔勾勒"的方法，描叙自己在事件中的所见、所做、所感，追求画面生动、情感真切、叙事简洁、层次清晰的表达效果。

5. 细部观察之四：第4段略写，主要运用景物描写映衬自己的心情。

6. 细部观察之五：第5段照应首段，抒发情感，收束全文。

7. 再观察全文：全文共五个段落，首段生动起笔，点示事件；第2段承上启下，切入故事；第3段详写故事，展现主体内容；第4段运用映衬手法略写情景；第5段照应第1段，富有情致地收束。全文呈现出一种"五段式"构思的思维规律：首尾照应，主体部分有详有略，按时序展开。

8. 再观察细部：第3段是文章的主体部分，是详写，是一个整段。它是可以被切分为若干个小段的，于是，文章的结构就可以更加灵动多姿。

此文结构优雅而又平实,是记叙文的一种常规而美好的表达形式。

继续观察,来看看叶圣陶先生笔下的《荷花》:

荷　花

叶圣陶

清晨,我到公园去玩,一进门就闻到一阵清香。我赶紧往荷花池边跑去。

荷花已经开了不少了。荷叶挨挨挤挤的,像一个个碧绿的大圆盘。白荷花在这些大圆盘之间冒出来。有的才展开两三片花瓣儿。有的花瓣儿全展开了,露出嫩黄色的小莲蓬。有的还是花骨朵儿,看起来饱胀得马上要破裂似的。

这么多的白荷花,一朵有一朵的姿势。看看这一朵,很美;看看那一朵,也很美。如果把眼前的一池荷花看作一大幅活的画,那画家的本领可真了不起。

我忽然觉得自己仿佛就是一朵荷花,穿着雪白的衣裳,站在阳光里。一阵微风吹来,我就翩翩起舞,雪白的衣裳随风飘动。不光是我一朵,一池的荷花都在舞蹈。风过了,我停止了舞蹈,静静地站在那儿。蜻蜓飞过来,告诉我清早飞行的快乐。小鱼在脚下游过,告诉我昨夜做的好梦……

过了好一会儿,我才记起我不是荷花,我是在看荷花呢。

对本文写作技法的发现:

这是写生活中一个瞬间的文章,它由远而近,由观而感,由写景咏物而抒情。

它的构思规律表现在:

第1段:简略生动的一笔,点示一个事件的起始并领起全文。

第2段:照应起笔,对景物或事物进行描写,在段的写作之中,注意突现画面之美,以及斟酌词语、句式和修辞手法的运用。

第3段:穿插一下,评说、议论一笔,表达感受,抒发情感,语言简洁、准确、生动。

第 4 段：顺势展开联想，以抒情式的感受来表现事或景或物的美好。

第 5 段：收束一笔，照应全文。

《荷花》的结构艺术，是写游览、游记短文的极好范本。

再欣赏叶文玲的《我的"长生果"》的节选：

我的"长生果"

叶文玲

莎士比亚说："书籍是全世界的营养品。"对像我这样如饥似渴阅读的少年来说，它的功用更是不言而喻。醉心阅读使我得到了报偿。从小学三年级开始，我的作文便常常居全班之冠。阅读也大大扩展了我的想象力，在家对着一面花纹驳杂的石墙，我会待上半天，构想种种神话传说。

记得有一次，作文的题目是"秋天来了"。老师读了一段范文之后，当大多数同学千篇一律地开始写"秋天来了，树叶黄了，一片一片地飘到了地上"时，我心里忽然掠过了不安分的一念：大家都这样写多没意思！我要用自己的眼睛去看秋天，用自己的感受去写秋天。

我把秋天比作一个穿着金色衣裙的仙女，她那轻飘的衣袖拂去了太阳的焦热，将明亮和清爽撒给大地；她用宽大的衣衫挡着风寒，却捧起沉甸甸的果实奉献人间。人们都爱秋天，爱她的天高气爽，爱她的云淡日丽，爱她的香飘四野。秋天，使农民的笑容格外灿烂。

于是，我的作文得了个"甲优"，老师在文中又圈又点，将它作为范文在班上朗读。

这小小的荣光，使我悟得一点道理：作文，首先构思要别出心裁，落笔也要有点儿与众不同的"鲜味"才好。这些领悟自然是课外读物的馈赠。

此节选的短文，可以作为一篇很漂亮很完整的叙事短文来欣赏。

欣赏一：

第 1 段文字写了自己对阅读的"如饥似渴"，写了"醉心阅读"使自己"得到了报偿"，还写了自己因为阅读了大量的书籍而提高了作文的水平和想象能力——这样的文字让我们感受到了作者少年时代在作文上的身手不凡。

于是我们理解到，这一段文字的作用是，在事件出现之前进行铺垫与渲染。

欣赏二：

第2段文字开始简叙一件事情——课堂作文。作者在极简短的文字巧用了对比，说"大多数同学千篇一律地开始写"作文时，自己的想法是"要用自己的眼睛去看秋天，用自己的感受去写秋天"。

于是我们理解到，这一段文字切入故事，将"一件事情"引了出来，让我们期待着往下看。

欣赏三：

第3段文字非常聪明地突出了作者这次作文中最为亮眼的部分，作者用美好的话语生动地描叙了自己在这次作文中的创造，秋天是那样的美丽，秋天是那样的让人喜爱。这一段文字再次让我们感受到了作者的身手不凡，同时让我们感受到了她确实是在"用自己的感受写秋天"。

于是我们理解到，这一段文字用美好生动的语言描叙了这"一件事情"中的关键内容，是详写的笔法。

欣赏四：

第4段文字的作用就很明显了，作者显然是在用侧面烘托的方式来表现这"一件事情"的成功与美好，而且是略写。

于是我们理解到，在精短的叙写一件事的记叙文中，可以进行详略的安排，可以运用侧面映衬的手法。

欣赏五：

第5段文字的作用就更加有意味，作者不但简叙了"一件事情"，而且还进行了更加深入的表达——写出了这件事情对自己的教益和从中得到的感悟。

于是我们理解到，收束全文，点题深化，是常规而必要的表达。

……

非常有意思的是，在对记叙文表达形式的研究中，我们可以发现记叙文写作中的一种"五笔"技法。现在让我们从学写作文的角度来解析莫怀戚的美文《散步》。

我们在田野上散步：我，我的母亲，我的妻子和儿子。

（这一段是文章的开头，是"倒叙"，是"开门见山"，也可以说是"轻轻地点一笔"。其作用是用极简洁的语言写出事物的一种结果，或者显现一个生活的画面。）

母亲本不愿出来的；她老了，身体不好，走远一点儿就觉得累。我说，正因为如此，才应该多走走。母亲信服地点点头，便去拿外套。她现在很听我的话，就像我小时候很听她的话一样。

（这一段话在文章中的作用，是回过头来对文章第1段所叙写的事件进行补说、解释，可以说是"交代一笔"，或"解说一笔"。）

天气很好。今年的春天来得太迟，太迟了，有一些老人挺不住，在清明将到的时候死去了。但是春天总算来了。我的母亲又熬过了一个严冬。

这南方的初春的田野！大块儿小块儿的新绿随意地铺着，有的浓，有的淡；树枝上的嫩芽儿也密了；田里的冬水也咕咕地起着水泡儿……这一切都使人想着一样东西——生命。

我和母亲走在前面，我的妻子和儿子走在后面。小家伙突然叫起来："前面也是妈妈和儿子，后面也是妈妈和儿子！"我们都笑了。

（这几段进入故事的主线，出现"镜头"，穿插景物描写，略写一家人的"散步"，这叫"简叙一笔"。）

后来发生了分歧：我的母亲要走大路，大路平顺；我的儿子要走小路，小路有意思……不过，一切都取决于我。我的母亲老了，她早已习惯听从她强壮的儿子；我的儿子还小，他还习惯听从他高大的父亲；妻子呢，在外面，她总是听我的。一霎时，我感到了责任的重大，就像领袖人物在严重关头时那样。我想找一个两全的办法，找不出；我想拆散一家人，分成两路，各得其所，终不愿意。我决定委屈儿子了，因为我伴同他的时日还长，我伴同母亲的时日已短。我说："走大路。"

但是母亲摸摸孙儿的小脑瓜，变了主意："还是走小路吧！"她的眼睛顺小路望过去：那里有金色的菜花、两行整齐的桑树，尽头一口水波粼粼的鱼塘。"我走不过去的地方，你就背着我。"母亲说。

（这两段笔锋一转，写的是散步过程中的"分歧"，由于"分歧"，散步中就有了"故事",就有了"波澜",文章就有了"故事味"。这叫"详写一笔"。)

这样,我们就在阳光下,向着那菜花、桑树和鱼塘走去了。到了一处,我蹲下来,背起了我的母亲,妻子也蹲下来,背起了我们的儿子。我的母亲虽然高大,然而很瘦,自然不算重;儿子虽然很胖,毕竟幼小,自然也很轻。但我和妻子都是慢慢地,稳稳地,走得很仔细,好像我背上的同她背上的加起来,就是整个世界。

(这一段,既抒发情感,又表达感受,画龙点睛,深化主题。这叫"深化一笔"。)

所以,从学写作文的角度看,《散步》在文章构思上给我们这样的启迪:轻点一笔——概说事件;交代一笔——介绍原委;简叙一笔——略写事件;详写一笔——写出波澜;深化一笔——抒情议论。

这就是记叙文的一种美妙而规范的思维形式,是一种极能表现记叙文表达规律的美妙笔法——"五笔"技法。

"五笔"技法的魅力,关键是表现出人们在写作中的共同思维规律,因此行文自然流畅、详略有致、结构完美。这最为美妙的地方就是"规律"。有了规律,就有了规矩,有了形态,有了技巧,就有了训练的效率。

"五笔"技法的魅力,最通俗的解释就是,它往往并不是"五段"。正是因为往往不是"五段",所以运用"五笔"思维的文章,其外在的形态可以千姿百态,而内在的骨架却是大体相近。这就从另外的角度表现出了"思维规律"的美妙。

在经典的散文作品中,朱自清的《背影》表现出来的是"五笔"的思维规律:第1段,轻点一笔;第2段,解说家境;后续几段,略写父亲送"我"到南京;第6段,详写"父亲买橘";最后一段,抒发心中的深情。

杨绛的《老王》表现出来的是"五笔"的思维规律:第1段,轻点一笔;第2段,解说"老王";后续几段,略写"我家"与"老王"的交往;接着几段,详写"老王"送香油送鸡蛋;最后一段,"我"深表"愧怍"。

魏巍的《我的老师》与杨绛的《老王》一样,表现出来的也是"五笔"

的思维规律。

连鲁迅先生的作品中，也有表现"五笔"思维规律和写作技法的精彩片段。如：

阿长与《山海经》（节选）

鲁　迅

我又在渴慕着绘图的《山海经》了。

（轻点一笔，概说事件。）

这渴慕是从一个远房的叔祖惹起来的。他是一个胖胖的，和蔼的老人。

我在他的书斋里，看见过陆玑的《毛诗草木鸟兽虫鱼疏》，还有许多名目很生的书籍。我那时最爱看的是《花镜》，上面有许多图。他说给我听，曾经有过一部绘图的《山海经》，画着人面的兽，九头的蛇，三脚的鸟，生着翅膀的人，没有头而以两乳当作眼睛的怪物，……可惜现在不知道放在那里了。

（交代一笔，解释原委。）

我很愿意看看这样的图画，但不好意思力逼他去寻找，他是很疏懒的。问别人呢，谁也不肯真实地回答我。压岁钱还有几百文，买罢，又没有好机会。有书买的大街离我家远得很，我一年中只能在正月间去玩一趟，那时候，两家书店都紧紧地关着门。

玩的时候倒是没有什么的，但一坐下，我就记得绘图的《山海经》。

（简叙一笔，略写事件。）

大概是太过于念念不忘了，连阿长也来问《山海经》是怎么一回事。这是我向来没有和她说过的，我知道她并非学者，说了也无益；但既然来问，也就都对她说了。

过了十多天，或者一个月罢，我还很记得，是她告假回家以后的四五天，她穿着新的蓝布衫回来了，一见面，就将一包书递给我，高兴地说道：

"哥儿，有画儿的'三哼经'，我给你买来了！"

我似乎遇着了一个霹雳，全体都震悚起来；赶紧去接过来，打开纸包，是四本小小的书，略略一翻，人面的兽，九头的蛇，……果然都在内。

（详写一笔，写出波澜。）

这又使我发生新的敬意了，别人不肯做，或不能做的事，她却能够做成功。她确有伟大的神力。

这四本书，乃是我最初得到，最为心爱的宝书。

书的模样，到现在还在眼前……

（深化一笔，抒情议论。）

这些名作中的"五笔"现象，都不能说是巧合，都只能说是思维规律的具体表现。而且，如果不从思维规律的角度去提炼，我们也许并不会有这样微妙动人的发现。

对文章写作的表达思维及其规律的研究与提炼，是语文教师作文教学中极其需要建立的理念与养成的教学技能。这种研究让我们高屋建瓴、见微知著，让我们发掘出作文写作规律方面让人意想不到的奇珍异宝，同时带给我们对学生的高效指导与学生的快速领会。

只有像这样从提炼构思方法与规律的角度去研读课文，教师才能胸有成竹地教作文，学生才能在写作规律的引导下有效地学作文。

4. 建立"写作技法知识"的教学意识

中小学日常作文训练，重点是记叙文、说明文、议论文这三大文体的写作思维与基本功的训练，还有写景文、抒情文、托物言志文以及微文写作的训练。作为语文教师，要在每一个作文训练点上让学生都得到有效的训练，就需要建立"写作技法知识"的意识，形成自己发现、概括、提炼文章写作技法的能力，在教学中就能化繁为简、勾弦提要、一语中的，让学生迅速获得认知，知晓表达规律，建立构思与写作的思维。

比如，下面关于文章整体构思的技巧，都与"写作技法知识"有关：

"时间顺序""空间顺序""首尾照应""叙议结合""夹叙夹议""情感线索""春夏秋冬""起承转合""引出事物、描述事物，托物寄意""三的思维""主题句穿插""首句排比""欲扬先抑""虚实结合""详略有致""正面描写、侧面烘托""宕开一笔""概写一笔、细写几笔""人物出场、场景设置""篇末点题""凤头、猪肚、豹尾"……

拥有这些知识与对这些知识茫然无知，在写作思维的高度上决然不同。

再看看对精美课文中"写作技法知识"的点示：《春》：写景抒情，时令为序，画面连缀；《三峡》：模山范水，大笔勾勒，由景及人；《小石潭记》：一词经纬，由总而分，写景抒情；《四季之美》：横式结构，四季思维，首句排比；《壶口瀑布》：由总而分，由略而详，由叙而议；《白杨礼赞》：开篇点题，宕开一笔，反复抒情，逐层铺垫，抑扬对比，即景抒情，比喻象征，首尾照应……

这些精致的概括提炼，既表现出教师研读课文的水平层次，又能给学生以构思的启迪与知识的濡染。

继续看看下面的阐释：中学语文教材中，每一篇课文其实都表现了独有的生活体验角度、立意构思角度和写法运用角度，在对文章写法的探求上，其取材的内容可以说是五彩缤纷、千姿百态。

如，从诗、文的立意或显现主旨的角度，我们可以提炼——

回忆童年的色彩：《从百草园到三味书屋》；表现真切的友情：《社戏》；记录成长的脚步：《孤独之旅》；抒写至爱的亲情：《背影》；追忆深挚的母爱：《秋天的怀念》；抒发思乡的心绪：《乡愁》；怀念心中的师友：《藤野先生》；歌吟壮丽的河山：《壶口瀑布》；描摹地域的风情：《一滴水经过丽江》；点示身边的哲理：《永久的生命》；表现人物的风貌：《邓稼先》；探索自然的奥秘：《大自然的语言》。

如，从诗、文表现出来的优美意境的角度，我们可以运用新的说法——

一种悠然的陶醉：《醉翁亭记》；一次深沉的叹息：《登高》；一抹淡淡的哀愁：《浣溪沙·一曲新词酒一杯》；一叶飘飞的思绪：《闻王昌龄左迁龙标遥有此寄》；一角奇异的风光：《三峡》；一幅壮美的画卷：《观沧海》；一曲英雄的赞歌：《木兰诗》；一湾理想的仙境：《桃花源记》；一缕深沉的相思：《夜雨寄北》；一阕美丽的心曲：《岳阳楼记》。

如，从诗、文运用的写法、手法、展开思路的角度，我们可以进行概括——

童年梦痕，《再塑生命的人》：一个故事接着一个故事再接着一个故事。

母子亲情，《金色花》：诗意的想象，诗意的情节，诗意的语言，诗意的情感。

家的温馨，《散步》：将小小的生活细节放大，将平静的故事写出波澜，将一般的感受进行升华。

生活情味，《猫》："三"的写作思维，层层推进，描写细腻，映衬对比的手法。

崇高精神，《纪念白求恩》：四段成文，起承转合，有叙有议，篇末点题。

人物写生，《说和做——记闻一多先生的言行片段》：写一个方面，再写一个方面。

场景描绘,《"飞天"凌空》:着眼于一个瞬间,简洁的正面描写,多角度的侧面烘托。

自然风情,《四季的雨》:总分总的结构,春夏秋冬的写作思路。

社会风尚,《驿路梨花》:表现人物群像的精神面貌,悬念层叠,误会穿插,一波三折。

特征说明,《苏州园林》:先总说再分说,分说部分由主要到次要,中心句构段的方法。

……

于是,奇妙的收获就伴随着一次次的欣赏而产生,于是,文章就读得深、读得美,读得别有韵味,写作技法的知识在我们的面前洋溢着美感。

下面欣赏从"写作技法知识"的角度对两篇小学课文进行的品析。

观　潮

钱塘江大潮,自古以来被称为天下奇观。

农历八月十八是一年一度的观潮日。这一天早上,我们来到了海宁市的盐官镇,据说这里是观潮最好的地方。我们随着观潮的人群,登上了海塘大堤。宽阔的钱塘江横卧在眼前。江面很平静,越往东越宽,在雨后的阳光下,笼罩着一层蒙蒙的薄雾。镇海古塔、中山亭和观潮台屹立在江边。远处,几座小山在云雾中若隐若现。江潮还没有来,海塘大堤上早已人山人海。大家昂首东望,等着,盼着。

午后一点左右,从远处传来隆隆的响声,好像闷雷滚动。顿时人声鼎沸,有人告诉我们,潮来了!我们踮着脚往东望去,江面还是风平浪静,看不出有什么变化。过了一会儿,响声越来越大,只见东边水天相接的地方出现了一条白线,人群又沸腾起来。

那条白线很快地向我们移来,逐渐拉长,变粗,横贯江面。再近些,只见白浪翻滚,形成一堵两丈多高的水墙。浪潮越来越近,犹如千万匹白色战马齐头并进,浩浩荡荡地飞奔而来;那声音如同山崩地裂,好像大地都被震得颤动起来。

霎时,潮头奔腾西去,可是余波还在漫天卷地般涌来,江面上依旧风号浪吼。过了好久，钱塘江才恢复了平静。看看堤下，江水已经涨了两丈来高了。

《观潮》赏析：

美文《观潮》，不到500字，却是入选各套小语教材频率最高的课文之一。

课文记叙的是一次观潮的盛况，通过"我们"的耳闻目睹，介绍了钱塘江大潮壮丽、奇特的自然景观。

全文层次分明，描叙了潮来之前、涌到之时、潮头过后的景象，描绘出钱塘江由风平浪静到大潮奔腾咆哮再到恢复平静的动态变化，写出了大潮的雄奇和壮美。

文章起笔，"钱塘江大潮，自古以来被称为天下奇观"一句统领全文，"天下奇观"是引领全文内容的关键词。

第2段的作用非常重要。一是点出了时间，"农历八月十八是一年一度的观潮日"；二是表现"定点观察"的写作之法——"我们来到了海宁市的盐官镇，据说这里是观潮最好的地方。我们随着观潮的人群，登上了海塘大堤"；三是顺势介绍了潮涌之地的地形地貌；四是通过写"人山人海"来表现观潮的盛况。

第3、4段是课文描叙的重点，由声到形、由远而近地描述大潮滚滚而来、奔腾咆哮的壮丽情景。第3段重在写"静"，但两次写"人声鼎沸""人群又沸腾起来"，既照应第1段中关于"人群"的描写，又进一步渲染观潮的热烈氛围。第4段重在写"动"，运用比喻手法，生动地描绘了潮水汹涌澎湃、雷霆万钧的情状和声威。

第5段是文章的收笔，从"余波"的"漫天卷地"和江面的"风号浪吼"等角度生动地表现了江潮席卷而过的威力。

全文运用了多种方法写钱塘江大潮的"壮观"与"奇观"：从直接描叙的角度看，有对大潮的总体评说、形态描写、声响描写和色彩描写；从侧面映衬的角度看，有观潮人群、期待心情、热烈氛围的描述，它们间接地表现了大潮的奇与美。

麻　雀

我打猎回来，走在林荫路上。猎狗跑在我的前面。

突然，我的猎狗放慢脚步，悄悄地向前走，好像嗅到了前面有什么野物。

风猛烈地摇撼着路旁的白桦树。我顺着林荫路望去，看见一只小麻雀呆呆地站在地上，无可奈何地拍打着小翅膀。它嘴角嫩黄，头上长着绒毛，分明是刚出生不久，从巢里掉下来的。

猎狗慢慢地走近小麻雀，嗅了嗅，张开大嘴，露出锋利的牙齿。突然，一只老麻雀从一棵树上飞下来，像一块石头似的落在猎狗面前。它挓挲起全身的羽毛，绝望地尖叫着。

老麻雀用自己的身躯掩护着小麻雀，想拯救自己的幼儿。可是因为紧张，它浑身发抖，发出嘶哑的声音，准备着一场搏斗。在它看来，猎狗是个多么庞大的怪物啊！可是它不能安然地站在高高的没有危险的树枝上，一种强大的力量使它飞了下来。

猎狗愣住了，它可能没料到老麻雀会有这么大的勇气，慢慢地，慢慢地向后退。

我急忙唤回我的猎狗，带着它走开了。

《麻雀》赏析：

屠格涅夫的《麻雀》有着散文诗一样的美感，叙述了一只老麻雀在猎狗面前奋不顾身地保护小麻雀的故事，表现了"爱"的力量的伟大。全文篇幅精短，内容完整，故事的起因、经过、高潮和结局一应俱全。

《麻雀》的表达艺术，主要表现在：

在一个具体的场景中表现整个故事，这个场景就在白桦林中的林荫路上。因为"风猛烈地摇撼着路旁的白桦树"，就有了"一只小麻雀呆呆地站在地上"的故事起因，于是故事的情节、细节就一层一层地顺势展开了。

设置了三个生动的"人物"形象，即可怜的小麻雀、可敬的老麻雀和可怕的猎狗。故事表现了小麻雀的无助、老麻雀的无畏和猎狗的攻击与退缩，情节跌宕起伏，细节生动，扣人心弦；"人物"形象鲜明，形成美妙对比。

在极短的篇幅中进行大量的细节描写。这细腻的描写从故事的开端就已经出现："突然，我的猎狗放慢脚步，悄悄地向前走，好像嗅到了前面有什么野物。"对小麻雀"嘴角嫩黄，头上长着绒毛，分明是刚出生不久，从巢里掉下来的"描写既照应前文，又铺设了故事的悬念。猎狗"慢慢地走近小麻雀，嗅了嗅，张开大嘴，露出锋利的牙齿"渲染出危险的情景；而对老麻雀"飞下来，像一块石头似的落在猎狗面前。它挓挲起全身的羽毛，绝望地尖叫着"的描写，情景生动，勾勒出老麻雀不顾一切准备与狗搏斗的鲜明形象……

非常重要的是，作者在文中进行了议论与抒情，一句"在它看来，猎狗是个多么庞大的怪物啊！可是它不能安然地站在高高的没有危险的树枝上，一种强大的力量使它飞了下来"起着赞叹老麻雀和深化故事意味的双重作用。

对这两篇小小美文的赏析，从阅读与写作的角度，都表现了对文学表达进行欣赏的韵味，设想将它们的内容渗透于读、写教学之中，学生在写作技法知识方面的收获一定精致而丰美。

所以，语文教师建立"写作技法知识"的意识，对作文指导教学的有效进行，可能是十分有"战略"意义的一种专业魅力。

5. 给学生安排一点趣味练习活动

作文训练的科学性与艺术性，层次高的有效做法是，重视对学生进行思维训练。而在教学中设计一点有趣味的练习活动，既能让学生乐于实践，进行思考与探究，又能够让学生得到实实在在的收获与体会。

可以说，作文训练中趣味练习的内容无处不在，关键在于语文教师积累丰富且能够创造性地运用这些积累来构思学生的联想、品析、发现、动笔的趣味活动。

一、联想接龙的趣味练习

话题：记叙文"开门见山"的开头角度。

教师示例：

直接入题。如："盼望着，盼望着，东风来了，春天的脚步近了。"

学生联想，接龙：

1. 直接抒情。如："白杨树实在是不平凡的，我赞美白杨树！"

2. 直接写景。如："山，好大的山啊！起伏的青山一座挨一座，延伸到远方，消失在迷茫的夜色中。"

3. 直接叙事。如："我冒了严寒，回到相隔二千余里，别了二十余年的故乡去。"

4. 直接状物。如："我们家的台阶低。"

5. 直接写人。如："我与父亲不相见已二年余了，我最不能忘记的是他的背影。"

6. 直陈场景。如："她站在十米高台的前沿，沉静自若，风度优雅，白云似在她的头顶漂浮，飞鸟掠过她的身旁。这是达卡多拉游泳场的八千名观众一齐翘首而望、屏息敛声的一刹那。"

7. 直接点题。如："得到母亲去世的消息，我很悲痛。我爱我母亲，特别是她勤劳一生，很多事情是值得我永远回忆的。"

……

二、富有创意的趣味写作

活动安排：请同学们从下面的一组近义词中自由选词写句，赏析《小石潭记》。

清新　清凉　清秀　清越　清澄　清脆　清亮　清澈　清幽　清冷
清寒　清寂　清静　清冽　清凄　清丽　清晰　清纯

学生写句，教师引导学生进行整合：

《小石潭记》诗意欣赏："闻水声，如鸣珮环"，水声叮咚，清越动人；"下见小潭"，"尤"有清凉之感；"青树翠蔓，蒙络摇缀，参差披拂"，景物多么清秀；鱼儿"往来翕忽"，嬉戏在清澄的水中；"影布石上"，可见潭水冰清玉洁，清澈透明；小溪也一定是水声清脆，水色清亮；"坐潭上，凄神寒骨"，坐在石上，感到多么的清冷；"其境过清"，环境太清静了，太清幽了，这让作者更感到心境的清凄。

全文段落小巧，景物清新，画面清纯，情景交融，充满诗情画意。

……

三、巧用数字的趣味品析

任务：请同学们用"两"字来美读、深读、研读课文《卖油翁》。
同学们阐释的内容有：
1. 写了陈尧咨和卖油翁两个不同性格的人物形象，这两个人物的性格是一刚一柔：陈尧咨骄傲自大，卖油翁沉着稳重。

2. 课文中有两个地方写出了卖油翁身怀绝技：一是对陈的射技"微颔"，这里是"暗写"；一是"酌油沥之"的表演令人惊叹，这里是"明写"。

3. 课文中有两个地方给人以意外之感，激起了故事的波澜：一是面对陈尧咨语气不善的质问，卖油翁竟是轻巧平淡地回答"无他，但手熟尔"；一是面对陈尧咨的愤然的斥责，卖油翁竟能以"酌油沥之"的高超技艺让他无话可说。

4. 故事中两次出现"手熟"两字，这在全文极为重要，与主题紧密相关。课文的主题可以主要从两个方面去理解：课文表现了"熟能生巧"的道理；技艺专长，熟能生巧，不值得自我炫耀。

四、表达艺术的趣味发现

探究话题：记叙文的写作，有一种特别的表达艺术，叫作"文末有一个详写的故事"。

教师引导、学生发现与探究的内容有：

1. 杨绛的《老王》，先略写了老王低下的地位、卑微的身份，他的贫困、生活窘迫与生计艰难，他的老实厚道、重感情和讲仁义的品性，"我"一家与老王的交往以及对老王的关心照顾，还有老王的生病。最后详写了重病之中、临死之前，老王给"我"送来了好香油、大鸡蛋的故事。没有什么社会地位的濒临死亡的老王心念旧恩，用不可思议的举动，表现了他的纯美人性。

2. 鲁迅先生的《阿长与〈山海经〉》，先略写了阿长的身份，阿长"切切察察"的样子，阿长的睡相，阿长懂得的"规矩"和道理，阿长在正月初一的古怪仪式，阿长讲的长毛的离奇故事等。最后详写了阿长给"我"买来了"念念不忘"的《山海经》，让"我似乎遇着了一个霹雳，全体都震悚起来""谋害隐鼠的怨恨，从此完全消灭了"。

3. 安徒生的《皇帝的新装》，先略写了皇帝的喜好，骗子的来到，骗子的忙忙碌碌，皇帝派"诚实的老大臣"去观察骗子织布，皇帝又派另外一位诚实的官员去看工作进行的情况，皇帝亲自选了一群特别圈定的随员去看骗子的"一根线的影子都看不见"的织布。最后详写了第二天早上的游行大典，"皇帝把所有衣服都脱下来了"，穿着他的"美丽的新装"游行，"可是他什么衣服也没有穿啊！"一个小孩子最后叫了出来……

4. 艾芙·居里的《美丽的颜色》，先略写了"娄蒙路的棚屋"环境的恶劣，在院子露天地里进行炼制的工作的辛苦，引用居里夫人的话展现她在艰苦工作中的心理感受。然后详写了居里夫妇到娄蒙路的棚屋里看到镭的"美丽的颜色"的故事。这是一个有着完整的"记叙的要素"的故事，起因、经过、结果一应俱全，细节生动，表达方式丰富，人物形象栩栩如生。

5. 汪曾祺的《昆明的雨》，先略写了昆明的雨季是明亮的、丰满的，使人动情的；雨季逛菜市场，随时可以看到各种菌子；雨季的果子，是杨梅；雨季的花是缅桂花等。最后详写了"雨，有时是会引起人一点淡淡的乡愁的"——友人朱德熙，在这样的雨季，陪着汪先生赏雨、品酒、观景，让他暂时忘却了乡愁；这是一种纯美的友情，让作者四十年后，"还忘不了那天的情味"。

6. 曹文轩的《孤独之旅》，先尽情略写了杜小康和他的父亲在芦苇荡放鸭生活的种种经历和心路历程，最后详写了父子俩在暴风雨之中的顽强搏斗。

7. 郑振铎的《猫》，先略写了白色小猫、黄色小猫的故事，最后详写了花白的大猫的故事。

……

教师小结：

综上所述，不少的叙事写人的文章，最后都有一个详写的故事，这是一种构思规律：用多件事写人，进行多角度的逐层铺垫，丰厚故事内容，优化故事细节，形成文中波澜，然后——突现最重要最感人的故事。

五、段落结构的趣味品析

下面是八上第三单元作文训练《学习描写景物》的一份创新教学设计：

> **单元重点**

学习描写景物。

> **训练内容**

知晓：写景的段落，有丰富的表达形式，极具表达的美感。

学用：景物描写段的一种或几种展开方式。

> **背景知识1**

描写景物，首先要抓住景物的特征；景物的特征，常常表现在形状、色彩、声音等方面。

> **背景知识2**

描写景物的特征，可以描述人的视觉感受，还可以描述听觉、嗅觉、触觉等多种感受。

> **背景知识3**

为了使景物描写更加丰满、生动，对某个景物，可以俯视、仰视、近观、远望，可以写静态、动态，还可以写不同时段中的不同景致。

> **背景知识4**

写景还要注意融入情感，这样能使客观的景物鲜活起来，更具有感染人心的力量。

景物描写段的结构之美，美不胜收，异彩纷呈，让我们应接不暇。

趣味活动一：观察、品析。

任务：说说自己发现的写景段的构思特点。

> **美段品析之一**

半夜，戏院散场了，一大群人拥出来，走上了各自雇定的小艇。簇拥在一起的小艇一会儿就散开了，消失在弯曲的河道中，远处传来一片哗笑和告别的声音。水面上渐渐沉寂，只见月亮的影子在水中摇晃。高大的石头建筑耸立在河边，古老的桥梁横在水上，大大小小的船都停泊在码头上。静寂笼罩着这座水上城市，古老的威尼斯又沉沉地入睡了。

学生交流看法之后，教师小结，学生做笔记：

精美段落写法借鉴一：先写人，再写景；由动到静地展开。

美段品析之二

那天，是他们离家以来所遇到的最恶劣的一个天气。一大早，天就阴沉下来。天黑，河水也黑，芦苇荡成了一片黑海。杜小康甚至觉得风也是黑的。临近中午时，雷声已如万辆战车从天边滚过来，不一会儿，暴风雨就歇斯底里地开始了，顿时，天昏地暗，仿佛世界已到了末日。四下里，一片呼呼的风声和千万枝芦苇被风折断的咔嚓声。

学生交流看法之后，教师小结，学生做笔记：
精美段落写法借鉴二：先概写，再细写；按时间顺序展开。

美段品析之三

桃树、杏树、梨树，你不让我，我不让你，都开满了花赶趟儿。红的像火，粉的像霞，白的像雪。花里带着甜味儿；闭了眼，树上仿佛已经满是桃儿、杏儿、梨儿。花下成千成百的蜜蜂嗡嗡地闹着，大小的蝴蝶飞来飞去。野花遍地是：杂样儿，有名字的，没名字的，散在草丛里，像眼睛，像星星，还眨呀眨的。

学生交流看法之后，教师小结，学生做笔记：
精美段落写法借鉴三：先概写，再细写；上中下三层展开。

美段品析之四

鱼成群结队地在珊瑚丛中穿来穿去，好看极了。有的全身布满彩色的条纹；有的头上长着一簇红缨；有的周身像插着好些扇子，游动的时候飘飘摇摇；有的眼睛圆溜溜的，身上长满了刺，鼓起气来像皮球一样圆。各种各样的鱼多得数不清。正像人们说的那样，西沙群岛的海里一半是水，一半是鱼。

学生交流看法之后，教师小结，学生做笔记：
精美段落写法借鉴四：先概写，再细写；分类分点地展开。

美段品析之五

那是力争上游的一种树，笔直的干，笔直的枝。它的干通常是丈把高，像加过人工似的，一丈以内绝无旁枝。它所有的丫枝一律向上，而且紧紧靠拢，也像加过人工似的，成为一束，绝不旁逸斜出；它的宽大的叶子也是片片向上，几乎没有斜生的，更不用说倒垂了；它的皮光滑而有银色的晕圈，微微泛出淡青色。这是虽在北方风雪的压迫下却保持着倔强挺立的一种树！哪怕只有碗那样粗细，它却努力向上发展，高到丈许，两丈，参天耸立，不折不挠，对抗着西北风。

学生交流看法之后，教师小结，学生做笔记：

精美段落写法借鉴五：第一层进行描述，第二层议论、抒情。

美段品析之六

不知在什么时候，雨，悄悄地停了。风，也屏住了呼吸，山中一下子变得非常幽静。远处，一只不知名的鸟儿开始啼啭起来，仿佛在倾吐着浴后的欢悦。近处，凝聚在树叶上的雨珠还往下滴着，滴落在路旁的小水洼中，发出异常清脆的音响——

丁——冬——丁——冬……

学生交流看法之后，小结，学生做笔记：

精美段落写法借鉴六：先写面，再绘点；以声衬静的手法。

……

这样的段落结构趣味品析活动，能够让学生乐此不疲，兴致盎然，印象深刻。

在作文训练的课堂活动中，还有"论证证明"的方法，如证明《丁香结》与《紫藤萝瀑布》的结构都是"三个层次"；还有"变体阅读"的方法，如将《恐龙无处不有》读成"议论文"；还有"课中之最"的方法，如品味出《智取生辰纲》中的几十个"最"；还有"创新说法"的方法，如：抒情氛围最浓烈的课文是《土地的誓言》，观察点的变化最为丰富的课文是《小石潭记》……

趣读活动的角度越多，教师动的脑筋也越多，教学的智慧也就愈加丰富，学生的收获也就愈加奇美。

6. 精心设计高雅的课中微写活动

阅读中的读与写是"与生俱来"的依存关系，语文教学最为明显的最本质的训练活动就是读读写写、读写结合；不论是从教学内容来看，还是从学生的课堂活动来看，它都是阅读教学中最常规最自然的教学手法。

所谓"读写结合"，就是利用课文这个语言载体，从课文本身的内容出发，设计与课文有血肉联系的"写"的内容，从而达到以写促读，以读带写的训练目的。

所谓"写"的内容，从阅读教学的角度看，往往是课中微写。

课中微写的最妙之处在于语言学用，在于思维训练，同时增加课文学习的美感。

诸如"含英咀华，片段写作""串写课文，摇曳生姿""课文作文，七彩笔端""给词写句，趣读课文""句式学用，训练思维""段式学用，练读练写""展开想象，生动描述"等，都是课中学写的好方法、好形式。

又如美句摘抄、提纲罗列、内容概述、人物素描、仿写学用、补说续接、原文改写、想象创编、读后随感、写法实践、信息整合、作品评论、定向探究、话题短文、事实印证、理由阐释、句式学用、课文集美等，也是常用的好方法。

如果能更进一步地进行深入探究，我们也许又能发现诸如变换文体、变换人称、变换视角、变换范围、变换题材、变换形式等多种多样、妙不可言的设计细节。

特别需要我们关注的是，统编初中语文教材课后训练题中，有不少是微写训练：

七上——《济南的冬天》：借鉴课文的某些写法，就家乡冬天的风景写一个片段；《从百草园到三味书屋》：仿照课文第2段，用200字左右的篇幅，描写一处景物；《寓言四则》：任选课文中的一则寓言，重新设计情节，赋予新的寓意，把它改写为一篇新的寓言。

　　七下——《邓稼先》：小组合作，搜集并整理我国"两弹一星"科学家的资料；《孙权劝学》：将课文翻译为现代汉语；《伟大的悲剧》：结合课文及有关补充材料，写一篇阅读笔记。

　　八上——《白杨礼赞》：选取你熟悉的某个事物，赋予它一定的象征意义，完成一次片段写作；《苏州园林》：写一段文字，介绍你曾游览过的一座公园或建筑；《诗词五首》：结合《雁门太守行》中表现色彩的词语，发挥想象，用自己的话描绘作者呈现的画面。

　　八下——《阿西莫夫短文两篇》：对恐龙灭绝的原因，写一篇小短文阐述你的认识；《壶口瀑布》：品味课文第3、4段语言的妙处，试着写一段赏析文字；《马说》：写一段文字，谈谈你对人才问题的看法，不少于300字。

　　九上——《故乡》：发挥想象，续写宏儿和水生长大后见面的情景，300字左右；《我的叔叔于勒》：假如菲利普夫妇遇到百万富翁于勒会怎样，写300字左右的片段；《智取生辰纲》：结合本文，写一篇《杨志小传》。

　　九下——《海燕》：试以《海燕的宣言》为题写一段话；《山水画的意境》：运用课文中有关意境的论述，选择一首自己喜欢的古诗词进行赏析；《天下第一楼（节选）》：阅读全剧，参考示例，写一段人物分析，300字左右……

　　以上约40次左右的课后写作练习，角度丰富，从标题拟写、文句翻译、补充资料、短语概括、词句评点、想象微写、变诗为文到阐释观点、评价人物、表达赏析、编写剧本等，极好地给予了我们设计课中动笔活动的启迪。

　　课中微写研究的重要意义之一，在于让语文课堂阅读教学向语文的学科特点迈进了一大步。

　　课中微写研究的重要意义之二，在于既改善了课堂教学结构，又提升了教师的教学技艺。

　　课中微写研究的重要意义之三，在于在读写结合的实践活动中突现对学生的集体训练，有效地形成、提升了学生的语文素养。

课中微写教学，需要语文教师有着厚实的学问背景：

教师要有很好的阅读鉴赏能力。这是因为，写作指导的基础能力是能够阅读与鉴赏。教师有丰富的积累才能让视野开阔，没有课内外教学资源的积累，教学之中往往捉襟见肘。教师要关注用专项研究的方法优化教学指导，专项研究能够深化细化教师的见解，提取提炼表达的规律，让教师有更加精美的发现。

设计丰富多彩的课中微写活动、进行教学指导要关注三个要素：切合课文情境，教师精致点拨，安排充足的时间。

现在一线课堂上的学生动笔活动，非常普遍的现象是离开课文的语境，离开课文的情景，随意命题，粗糙简单，基本上表现不出对课文中精美读写训练资源的充分利用。

一、课中微写活动

我们设计的课中微写活动，要追求优雅的教学境界，要充分结合课文学习，要让我们的学生在课堂上有一点档次较高的随课微写训练。

句段学用的动笔训练

句段学用，指的是在阅读欣赏的过程中学用文章中实用的美好的句式，或者学习运用文中段落的结构方式与表达技巧，通过这种"运动量"比较大的读写实践活动，达到既阅读文章，又进行写句构段表达基本功训练的目的。这就叫作句段读写，语言学用。

句段学用的基本要求是：首先读懂文章，明了文章的大意，接着感受文章中美好的句式，或者分析文中结构精巧的段落，然后进行模仿写作。要注意的是，模仿写作最好结合所读文章的具体语言环境进行。

模式仿写动笔训练

文章的形态是通过"模式"表现出来的。透彻品析了某种文章的写作模式，同学们就可以进行模仿，进行化用，进行改进，进行创造。所以，学会写文章，可以做到模式先行。我们之所以注意对经典范文的学习，就是因为它们主要在语言与模式两个方面闪耀着光彩。

我们还需要指导学生，在课外阅读之中，要注意对文章进行模式分析，要善于关注与发现好的文章或文段模式，并将自己喜欢的形式运用于写作实践之中。

课文提要动笔训练

提要，就是集中要点。文章提要，就是根据一定的角度提炼、浓缩、组合文中的重点信息。这种读写结合的实践方法，与平时课堂阅读及写作训练中的复述、缩写不大相同。其练习的角度很丰富。

经常做文章提要式的练习，可以锻炼学生的速读能力和提取信息的能力。这种能力提高了，面对信息的海洋，可以比较快速地找到自己所需要的内容。

变体改编动笔训练

变换文体式地将一篇文章进行改写的方式叫作"变体改编"。实践这种读写结合的学习方式，在于通过改编的艰苦过程，让同学们精细地咀嚼课文，耐心地揣摩课文，深刻地理解课文，然后进行别出心裁的充满想象的创造性改写。

读后随感动笔训练

读后感：有读有感，边读边感。表达读后之感的过程就是读写结合的过程。

读后感的特点在于它的引申性。也就是说，读了文章之后，可集中地谈一个方面的感想，力求表达生动严密，不要东扯西拉，横生枝节。这就是我们平时说的，读后感要有"感点"。一篇读后感有了感点，就可以：或者通过"感"来陈说一种认识，或者通过"感"来证明一个观点，或者通过"感"来发表一种评议，或者通过"感"来表达一种情感，或者通过"感"来批评一类现象。

补说续写动笔训练

阅读课文的时候，文中的内容有时会调动学生的知识积累，让他们也想说点儿什么；阅读课文的时候，文中内容有时会让学生置疑，他们会认为，文章中的有关材料还可以更加丰富一些；阅读课文的时候，同学们有时会觉得，文章的结尾让人感到意犹未尽，还想表达一点感受；阅读课文的时候，同学们有时会觉得，作者是从某一个角度点的题，我自己可从另一个角度来点题……以上种种，都可以带来写作、动笔的机会，都可以让教师设计对原文进行补说或续写的活动。

多向假设动笔训练

多向假设，是可以在阅读记叙类文章之后使用的一种读写结合的学习方法。这种方法要求我们在阅读选文之后用多个"假如"来设想与文章有关联的人物的活动，借此让同学们在多个假设之中充分地发挥想象，进行多次的写作构思或者多次的写作。

多向假设，融阅读、写作、思维训练于一体，既是一种"读文写文"的形式，也是一种"创境作文"的形式。选文作为学习中的一个例子，不仅为阅读提供了一个范本，同时也为说、写训练提供了一个取之不尽的聚宝盆。

科学短论动笔训练

科学短论可以在作文训练中进行写作，也可以在阅读之中进行写作。

实际上，在阅读之中，特别是在阅读科学小品文的过程之中，我们会发现很多的问题需要进行"迁移拓展"，需要进行深入的论说或者是进行一定的证明，不然，我们就只能是带着学生比较含糊地阅读文章。

在阅读之中进行科学短论的写作，是一件非常有趣而又快乐的事。它让同学们深入研读文章，查阅资料，弄清原理，进行论说与阐释。

文中集美的动笔训练

文中集美，指的是以语言学习为重头戏，通过同学们创造性的劳动，将所读文章中比较美的内容"浓缩""集中",使之形成新的短文。形象地说,就是从原文中抽取精华的内容,用原文中的话来"写"新的文章。可以说,文中集美,是一种对文章中美好的语言材料进行细致组合的过程,让同学们在活动中得到审美教育、语言教育、学习技能教育以及思维训练的读写活动。

赏析短文动笔训练

作品欣赏是学生们必须具备的高层次的阅读能力。

在阅读中,往往要对所读的作品或者进行评说或者表达自己的阅读感受。如果将这种阅读感受定位于作品的思想内容与写作技法,就有了一些作品欣赏的味道了。

作品欣赏,就是通过读写结合的方式,对文章内容进行赏析、评论。力求在品味、赏析、评论的过程之中,理解所读文章的思想内蕴以及写作上的美点妙要。

……

精心设计高雅的课中微写活动,让学生有一点档次较高的微写训练,其效果仍然取决于教师的教材研读与利用的水平,以及多角度设计微写训练活动的智慧。

二、课文集美活动设计

上述所有的微写活动,我们都可以有更加细节化的、丰富多姿的教学设计,如课文集美活动的设计。

课文集美,也叫"文句撷英",是利用课文本身的资源所设计的由学生全体参与的阅读品析活动、语言积累活动、课文读写活动。教师以语言学习为目的,指导学生将课文中精华的语言材料集聚起来,积累、学用语言并实践一定的学习方法。

学生在这样的实践活动中,主要有三个方面的收获:一是对课文进行了比较细致的研读,二是实践了"提取、整合"的学法与思维方式,三是积累、背读了体现课文精华的微型美文。由于教师强调这样的活动必须静读、必须人人动手，所有学生都能受益，表现出高效教学的特点。

教师运用课文集美的教学手法，可以设计如下不同类型的精美的课堂活动：

1.在提炼、整合课文要点的活动中训练学生的速读能力，如《苏州园林》提取中心句的活动。

2.改写、缩写课文，形成课中写作活动，实现"长文短教"或"美文细读"的教学创意，如《荷叶·母亲》的课文缩写活动。

3.以语言学习为目的，指导学生提取、积累课文的精华，如《散步》的美句学用活动。

4.集聚文中的美段美句，以形成精致、优美的可供读背的语言材料，如《紫藤萝瀑布》的微型美文撷取活动。

5.以"集美"为活动方式，让学生在活动中得到审美感受、学法实践以及思维训练，如《孔乙己》教学中的"孔乙己的脸色描写欣赏"活动。

下面是课文《苏州园林》的课文集美活动。

这个活动设计的目的是让学生通过课文重要信息的提取来对课文进行文意把握并习得一种学习方法。

教师进行活动安排：在这次活动中，我们要提炼全文内容，用百字左右的篇幅，说清楚苏州园林的基本特点。同学们要实践一种"提炼式表述"的方法，注意提取课文各段中的关键句，将它们组合起来，进行综合而简明的表述。

同学们在课文中"选句"，提炼课文内容，形成涵盖全文信息的文字。

苏州园林的共同点：使游览者眼前总是一幅完美的图画——其建筑讲求自然之趣而绝不讲究对称，假山、池沼的安排配合都表现出入画的效果，栽种和修剪树木着眼在画意，花墙和廊子增加了景致的层次美；且每一个角落都注意图画美，门和窗有着高度的图案美，色彩也表现出淡雅的美。

下面是《海燕》的课文集美活动，请同学们找出有关的句子，把他们组合起来，描述海燕的形象。

海燕的形象美

勇敢的海燕。

对暴风雨渴望的海燕。

充满着愤怒的力量、热情的火焰和胜利的信心的海燕。

高傲的,勇敢地、自由自在地在泛起白沫的大海上飞翔的海燕。

叫喊着,飞翔着,像黑色的闪电,箭一般地穿过乌云,翅膀掠起波浪飞沫的海燕。

飞舞着的敏感的精灵,高傲的、黑色的精灵——海燕。

笑那些乌云、因为欢乐而号叫的海燕。

深信乌云遮不住太阳的海燕。

在怒吼的大海上、在闪电中间、高傲地飞翔着、高喊着"让暴风雨来得更猛烈些吧"的胜利的预言家海燕。

7. 范文引路，确保有效的课堂作文训练

一位语文教师，如果能够长期坚持披沙拣金，积累大量作文范文并分类积聚，那么就有可能在对学生的每一次作文指导教学中都运用范文引路的教学策略，以使学生对文章的构思有特别明晰的观察与感受，从而确保作文指导课的质量。

可以说，语文教师作文教学需要养成的最好习惯之一，便是范文引路。

一、范文引路及其好处

范文引路，就是在某次作文训练中，用或两篇、或三篇、或四篇、或五篇经过细心挑选的精短美文作为本次作文的范文，重点让学生感受其构思特点与展开角度，从而让学生能够进行比较规范的构思与写作。

或者说，范文引路，就是在教学中运用优质的选文，在某个单元的作文指导训练中，以三五篇佳作为范例，训练学生的思维，指导学生的写作。

日常作文教学中的范文引路，有着明明白白的好处：

能够丰厚教学设计的内容，使之不再粗糙、空洞、单调；学生在课堂上能够面对具体的语言材料，有着显性的活动抓手，能真正参与阅读、分析与欣赏的富有美感与乐趣的活动；能够让语文教师更加关注对课文本身的"读课文学写作"资源的开发；能够在表达的范式上给学生以直观可见的示例与启发；更为重要的是，语文教师在撷取美文、精选范文、品析美文的写作技法的过程中能够丰富自己的资料积累，提高鉴赏能力与教学能力，并且因为要做到教学中的范文引路而促进自身细心备课。

二、范文引路的两种角度

将范文引路的思想与方法用于作文构思指导,主要有两种角度。

1. 用多篇范文证明同一种构思的形式是规范的、通用的、可行的。

如执教《学一点"咏物"技巧》的作文构思指导课,可选用《蝉》《贝壳》《紫藤萝瀑布》《荷叶·母亲》四篇范文,引导学生体味到这四篇文章的展开思路是基本一样的:都是先引出事物,再描叙事物,最后进行抒情。这叫作"咏物抒情"文章构思与表达的三步曲,即这四篇范文印证了咏物短文的一种规律性的表达:先引出事物,再描述事物,最后因物抒情。

在此基础上还可以进一步阐释:

第一,选择自己的一种心爱之物、美好之物或熟悉之物,展开联想,思考怎样在它身上融入并抒发指向明确的情感,然后在文章的开篇用生动简洁的语言"引"出它。

第二,运用拟人化的写法或比喻式的写法,对所托之物进行精细的描写,努力表现出它的外貌形态之美及内在精神之美,并使这种描写向着自己的抒情意图贴近。

第三,在足够的描写之后,顺势进行符合自己立意方向的抒情,表达自己的赞美之情或真切感受。

有意思的是,如果我们将"咏物抒情"文章中的"抒情"在写作中再特意地强调一下,由"情"向"理"升华,那么我们就运用了"托物寄意"的写法,即通过抒写事物的方式点明或者抒发一个道理,乃至升华出一个哲理。

有了这样切实的指导,同学们进行"咏物抒情"文章的构思是不会有方向模糊之感的。

2. 用多篇范文点示:对某一种写作对象的构思形式是多样的、变化的、可行的,而且也是规范的。

如记叙文中写"我"的故事的20种构思角度,主要以小学课文为例:

写"我"一天里的生活	《今天我很忙》《难忘的一天》
写"我"的童年爱好	《风筝》
写"我"的一次观察或实践	《看松鼠做巢》
写"我"的想象或幻想	《我的房间》
写"我"的一件往事与启迪	《钓鱼的启示》《十六年前的回忆》
写"我"的一件做错了的事	《我为你骄傲》
写"我"的班级（或学校）小故事	《掌声》
写"我"的一个亲情小故事	《落花生》
写"我"和家人与别人的故事	《梦中的花裙子》
写"我"的读书生活	《我的"长生果"》《窃读记》
写"我"的亲人的一个故事	《心中那盏灯》《散步》《慈母情深》
写"我"的亲人的很多故事	《父亲的爱》《我的伯父鲁迅先生》
写"我"的老师的几件事	《我的老师》
写"我"与大人的一次交往	《那片绿绿的爬山虎》
写"我"的一次游历	《鸟的天堂》《爬天都峰》
写"我"和动物的故事	《麻雀》
写"我"的一次偶遇	《这条小鱼在乎》
写"我"的一次奇闻	《深山射鱼》
写"我"的一种思念之情	《怀念母亲》
写"我"的生活感悟	《生命　生命》《和时间赛跑》

有时候，即使只用一篇范文，也比教师什么都不讲或空讲几句好得多。如对范文《图书馆里的小镜头》的运用：

图书馆里的小镜头

我热爱生活，热爱生活中那一个个精彩的小镜头。然而，我更偏爱图书馆里一个个的小镜头。

清晨，图书馆的大门敞开了，各种各样的人便争先恐后地涌进了图书馆。留披肩发的，梳辫子的，剃平头的，梳分头的，黑发的，白发的……穿皮鞋的，穿布鞋的，穿球鞋的，鞋跟高的，鞋跟矮的……宽敞的图书馆似乎显得拥挤了些。

人们进了图书馆，深深地吸了一口气，欣慰地笑了笑，似乎这封闭了一夜的图书馆空气很清新似的。紧接着，那双眼皮，那丹凤眼，那眼角布满鱼尾纹的眼睛，都各自盯上自己的目标；那粗糙的手，细腻的手，宽大的手，纤细的手，都小心翼翼地拿下书，极温柔地抚摸着，就像抚摸着孩子光滑的脸蛋儿……

图书馆里骚动了一阵之后，又恢复了往日的平静，偶尔听到翻书的声音，显得极小，极短。人们完全沉醉在书的海洋里了……

一个戴眼镜的小伙子，一边看着，一边伏案疾书，有时，还停下来皱紧眉头想着什么，时不时地扶扶那已滑落到鼻梁上的眼镜；一位梳披肩发的姑娘，此时已顾不得去整理那有些散乱的长发，只是用大眼睛在书上贪婪地扫着，不时地甩一下那束垂到额前的刘海儿，看那神情，要是有把剪刀的话，她一定要把那束刘海儿铰了；一位头发花白的老人，鼻梁上架着老花镜，眯着眼睛，把书拿得远远的，显得很费力，但仍旧舍不得把书放下；几个孩子趴在桌上，用手指着字，一个字一个字地念着，很吃力，却很专注……

我没有打扰任何人，悄无声息地离开了图书馆。但这生活中的小镜头，我却怎么也忘不了。它似乎告诉了我什么，到底是什么呢？

这篇美文，曾是沪教版的小学语文课文。它带给初中学生的"场面""镜头"之类文章的写作启迪有：

1. 选择一个具体的场景，从"我"的视角角度，描写其中的几个画面，表现生活中一种美好的特定的情境氛围。

2. 按时间顺序，依次描绘了早上人们进图书馆、寻找读物、用心阅读等三个生动的画面，表现了到图书馆读书的人数之多、身份之众、读书之专注的动人情景。

3. 对每个画面的描写，都运用简笔勾画的白描手法，一个短语或一个句子都表现着一类人物或一种状态。于是，行文流畅，富于情致，文字不多但内容丰厚。

4. 给文章拟一个简明的标题，突现其关键词，并在行文中关注到对标题及关键词的照应。如本文标题中的"小镜头"三个字就显得别具匠心。

5. 注意文章首尾的密切照应，同时还可以运用一点小小的技巧。如本文的开头，运用了"点题扣题"的技巧；本文的结尾，运用了"留有余味"的技巧……

又如范文《落花生》给我们的写作启迪：

落花生

许地山

我们家的后园有半亩空地。母亲说："让它荒着怪可惜的，你们那么爱吃花生，就开辟出来种花生吧。"我们姐弟几个都很高兴，买种，翻地，播种，浇水，没过几个月，居然收获了。

母亲说："今晚我们过一个收获节，请你们的父亲也来尝尝我们的新花生，好不好？"母亲把花生做成了好几样食品，还吩咐就在后园的茅亭里过这个节。

那晚的天色不大好，可是父亲也来了，实在很难得。

父亲说："你们爱吃花生吗？"

我们争着回答："爱！"

"谁能把花生的好处说出来？"

姐姐说："花生的味道很美。"

哥哥说："花生可以榨油。"

我说："花生的价钱便宜，谁都可以买来吃，都喜欢吃。这就是它的好处。"

父亲说："花生的好处很多，有一样最可贵。它的果实埋在地里，不像桃子、石榴、苹果那样，把鲜红嫩绿的果实高高地挂在枝上，使人一见就生爱慕之心。你们看它矮矮地长在地上，等到成熟了，也不能立刻分辨出来它有没有果实，必须挖起来才知道。"

我们都说是，母亲也点点头。

父亲接下去说："所以你们要像花生，它虽然不好看，可是很有用。"

我说:"那么,人要做有用的人,不要做只讲体面,而对别人没有好处的人。"

父亲说:"对。这是我对你们的希望。"

我们谈到深夜才散。花生做的食品都吃完了,父亲的话却深深地印在我的心上。

这是一篇写事文,写人文;这是一篇写物文,写理文;这是一篇描画生活情景的记叙文;这是一篇记叙生活中美好瞬间的记叙文;这是一篇取材于家庭生活的文章;这是一篇用"开门见山"的方法开头的记叙文;这是一篇用"顺叙"的方法进行构思的记叙文;这是一篇用"对话"的方式展开主要内容的记叙文;这是一篇用"自然收束"的方法结尾的记叙文;这是一篇详略有致的记叙文。

这篇文章的第1段用很少的话语写了很多件事;这篇文章第2段以后的内容用较多的话语只写一件事;这篇文章用"姐姐说、哥哥说、我说"巧妙地进行了铺垫;这篇文章用爸爸问"谁能把花生的好处说出来"进行了不露痕迹的定向;这篇文章用爸爸和"我"的话语进行了反复的点题;这篇文章通过一件事写了几个人,特别是对"妈妈"进行巧写;这篇文章告诉我们,什么是笔锋一转;这是一篇由实到虚的记叙文;这是一篇"以小见大"的记叙文。

……

范文引路的作文教学理念,真正将教学指导落实到了实处,真正让作文指导课的内容饱满起来,让学生的活动充分起来。

教师在精选、运用范文的过程中,需要品读鉴赏、分析对比、及时提取、分类整合,既有选文方面的收获,又有资料积累习惯的养成。试想,如果一位语文教师收集、积累了百十来篇作文指导范文,那么这位教师的作文教学指导是不是一定可以锦上添花?

反过来说,日常作文课中随意讲授式的教学,比如有的教学展示活动中聊天式的作文指导,基本上都没有关注到利用范文对学生进行构思思维的训练,不说其疏懒,起码也是随意。

8. 给学生编写一份实用有效的学案

一个单元的作文指导课，比较好的安排是用三个课时完成训练任务。第一个课时是"构思指导课"，第二个课时是"学生写作课"，第三个课时是"作文评讲课"。

日常教学中，质量比较差的是"构思指导课"，往往只是教师点示本次作文的训练内容，然后对学生进行提问，与学生进行聊天，口头指导学生应该如何去写作本次的作文。

这样的教学形式司空见惯，不仅消耗课堂时间，且教学效果低下。

作文指导，不能仅仅靠教师的嘴巴讲，还应该让学生面对优质的范文，在教师的具体指导、引导下，在品读欣赏的实践活动中领会表达的技巧，形成理性思考下的写作能力。

所以，作文训练中的"构思指导课"，一线的语文教师要养成良好的教学习惯：给学生编写一份实用有效的学案。

一、有效学案的特点

这种学案的特点是：

1. 服务于某个单元的写作指导课。
2. 有明确的训练要求，有从教材中提取出来的有关这个单元写作的背景知识，有教材规定的训练目标。
3. 有经过教师精心提炼、整合的三篇、四篇或者五篇精短的范文。
4. 有学生进行课中品析活动的话题。

这就是"构思指导课"真正有效的训练材料，不论在课上，还是在课后，都能够给学生带来实实在在的教益。

二、具体学案展示

七上第三单元作文《写人要抓住特点》学案

训练要求

了解记叙文的特点，实践在叙事中写人、写出人物特点的写作方法。

背景知识 1

记叙文是借助叙述、描写、抒情等手段进行记人、叙事、写景、状物的文章，通常可以分为记人叙事类、写景状物类和抒情类三种。

背景知识 2

写人要抓住人物的特点，可以指人物的外貌特点、动作特点、语言特点，以及其他细节性的特点等。

背景知识 3

"人"从来都不是孤立存在的，而是处在一件件事情中。要把人写"活"，写成"他自己"，就要把人放在事件中写，写他与别人的交往，写他富有个性的语言、动作行为和心理活动。可写的事情较多，要选择能够表现人物特征的事来写，可以是一件事，也可以是几件事。

训练目标

通过叙述一件事，表现人物的一个特点。

范文品析之一

浅水洼里的小鱼

清晨，我来到海边散步。走着走着，我发现在沙滩上的浅水洼里，有许多小鱼。它们被困在水洼里，回不了大海了。被困的小鱼，也许有几百条，甚至有几千条。用不了多久，浅水洼里的水就会被沙粒吸干，被太阳蒸干。这些小鱼都会干死。

我继续朝前走着，忽然看见前面有一个小男孩。他走得很慢，不停地在每个水洼前弯下腰去，捡起里面的小鱼，用力地把它们扔回大海。

看了一会儿，我忍不住走过去对小男孩说："水洼里有成百上千条小鱼，你是捡不完的。"

"我知道。"小男孩头也不抬地回答。

"那你为什么还在捡？谁在乎呢？"

"这条小鱼在乎！"男孩一边回答，一边捡起一条鱼扔进大海。他不停地捡鱼扔鱼，不停地叨念着："这条在乎，这条也在乎！还有这一条、这一条、这一条……"

品析话题：这篇文章在"叙述一件事，表现人物的一个特点"方面有哪些基本的表达技巧可供我们借鉴？

学生阅读范文，讨论，表达看法，教师小结，学生做笔记：

写法借鉴之一：第一人称的记叙角度，选材精致，事先巧妙地交代环境，暗含时间顺序，突出对人物动作和语言的描写，运用了映衬手法，故事中的人物性格特点鲜明。

范文品析之二

我不是最弱小的

夏天的一个周末，五岁的萨沙和哥哥托利亚，跟父母一起到森林中去玩。森林里的景色是那么美好，空气是那么清新。他们来到林中的一片空地。那里盛开着美丽的铃兰花。

"看！这儿还有一朵野蔷薇呢！"大家被萨沙的叫声吸引过来。原来有一丛野蔷薇，被铃兰花簇拥着，开出了第一朵粉红色的花。带着露珠的花朵随风舞动，芬芳扑鼻。一家人坐在野蔷薇旁边，聊起天来。

突然，雷声大作，天上飘下几滴雨点，紧接着，下起了倾盆大雨。妈妈赶紧从背包里拿出雨衣递给身边的托利亚，托利亚又把雨衣给了萨沙。

萨沙不解地问："妈妈，您和托利亚都需要雨衣呀，为什么要给我呢？"

妈妈回答说："我们应该保护比自己弱小的。"

萨沙又问："这就是说，我是最弱小的了？"

"要是你谁也保护不了，那你就是最弱小的。"妈妈说着摸了摸萨沙的脑袋。萨沙朝蔷薇花丛走去。大雨已经打掉了两片蔷薇花瓣，花儿无力地垂着头，显得更加娇嫩。萨沙掀起雨衣，轻轻地遮在蔷薇花上，问道："妈妈，现在我还是最弱小的吗？"

妈妈笑着说："不，不，你能保护更弱小的，你是勇敢的孩子啦！"

品析话题：这篇文章在叙述事件、表现人物的特点方面最突出的表达技巧是什么？

学生阅读范文，讨论，表达看法，教师小结，学生做笔记：

写法借鉴之二：客观叙述的记叙角度，景物的描写有重要作用，运用了映衬手法、照应手法，突出了对人物语言和动作的描写，形成了故事中的波澜，结尾段点题的手法巧妙，故事中的人物性格特点鲜明。

范文品析之三

全神贯注

法国大雕塑家罗丹邀请奥地利作家斯蒂芬·茨威格到他家里做客。

饭后，罗丹带着这位挚友参观他的工作室。走到一座刚刚完成的塑像前，罗丹掀开搭在上面的湿布，露出一座仪态端庄的女像。茨威格不禁拍手叫好，他向罗丹祝贺又一件杰作的诞生。罗丹自己端详一阵，却皱着眉头，说："啊！不，还有毛病……左肩偏了点儿，脸上……对不起，请等一等。"他立刻拿起抹刀，修改起来。

一刻钟过去了，半小时过去了，罗丹越干越有劲，情绪更加激动了。他像喝醉了酒一样，整个世界对他来讲好像已经消失了——大约过了一个小时，罗丹才停下来，对着女像痴痴微笑，然后轻轻地吁了口气，重新把湿布披在塑像上。

茨威格见罗丹工作完了，走上前去准备同他交谈。罗丹径自走出门去，随手拉上门准备上锁。

茨威格莫名其妙，赶忙叫住罗丹："喂！亲爱的朋友，你怎么啦？我还在屋子里呢!"罗丹这才猛然想起他的客人来,他推开门,很抱歉地对茨威格说:"哎哟!你看我,简直把你忘记了。对不起,请不要见怪。"

茨威格对这件事有很深的感触。他后来回忆说:"那一天下午,我在罗丹工作室里学到的,比我多年在学校里学到的还要多。因为从那时起,我知道人类的一切工作,如果值得去做,而且要做得好,就应该全神贯注。"

品析话题:这篇文章在全文的结构方面有什么样的突出特点?

学生讨论,表达看法,教师小结,学生做笔记:

写法借鉴之三:第三人称表达视角,故事内容详略有致,运用反复手法描述人物,对人物的动作神态描写生动,全文由"叙述"和"议论"两个部分构成,结尾段巧用人物的话语进行议论,深化了文章的主题,故事中的人物性格特点鲜明。

构思规律提炼

教师讲析,学生做笔记:

通过叙述一件事,表现人物的一个特点,可用五个"一"构思技法:

安排一处场景,叙写一个瞬间,突出一个特点,运用一种手法,表现人物特点。

构思规律印证之一

我的伯父鲁迅先生

有一次,在伯父家里,大伙儿围着一张桌子吃晚饭。我望望爸爸的鼻子,又望望伯父的鼻子,对他说:"大伯,您跟爸爸哪儿都像,就是有一点不像。"

"哪一点不像呢?"伯父转过头来,微笑着问我。他嚼着东西,嘴唇上的胡子跟着一动一动的。

"爸爸的鼻子又高又直,您的呢,又扁又平。"我看了他们半天才说。

"你不知道,"伯父摸了摸自己的鼻子,笑着说,"我小的时候,鼻子跟你爸爸的一样,也是又高又直的。"

"那么——"

"可是到了后来，碰了几次壁，把鼻子碰扁了。"

"碰壁？"我说，"您怎么会碰壁呢？是不是您走路不小心？"

"你想，四周黑洞洞的，还不容易碰壁吗？"

"哦！"我恍然大悟，"墙壁当然比鼻子硬得多了，怪不得您把鼻子碰扁了。"

在座的人都哈哈大笑起来。

构思规律印证之二

陈太丘与友期行

《世说新语》

陈太丘与友期行，期日中。过中不至，太丘舍去，去后乃至。元方时年七岁，门外戏。客问元方："尊君在不？"答曰："待君久不至，已去。"友人便怒："非人哉！与人期行，相委而去。"元方曰："君与家君期日中。日中不至，则是无信；对子骂父，则是无礼。"友人惭，下车引之。元方入门不顾。

以上两篇短文，都表现出"安排一处场景，叙写一个瞬间，突出一个特点，运用一种手法，表现人物特点"的构思规律。

教师接着安排同学们的写作实践：

请同学们自由命题，运用"通过一件事表现一个人"的写法，写一个有特点的人。

第五章 — **教学创意篇**

本章导读
———

　　有效的教学设计有什么样的形态，可以达到什么样的境界，还似乎很少有人论及。本章列举了统编初中语文教材中 10 个阅读课的教学设计实例，基本上覆盖了初中三个年级各类文体及古今中外作品的教学。每个实例都由两个部分的内容组成，第一部分是"课文精析"，第二部分是"教学创意"。如果在平时的教学之中，大部分的教学都能达到这样的境界，那一定是广大学子的幸事。

1. ＿＿＿＿＿＿＿ 七上第3课
《雨的四季》创新教学设计

一、课文精析

《雨的四季》，诗人、散文家刘湛秋的优美抒情散文，统编教材七上第一单元的自读课文。

这篇课文有着丰富的美感：

1. 整体的构思美。开篇点题，总领全文；最后两段照应全篇，抒情收束；中间部分则按"春夏秋冬"的写作顺序逐层描述、展开。

2. 内容的描述美。作者用诗一般的语言，用生动的描述调动读者的各种感官，让我们体会到四季的雨不同的情致与风韵，同时感受到作者的热爱、赞美之情。

3. 修辞的运用美。写"雨的四季"的段落，作者写景抒情，咏物抒情，表达精美，角度精致，恰切地运用了拟人、对比、排比、比喻、呼告等各种修辞手法。

4. 画面的田园美。在作者的笔下，四季的雨不论是什么样的形态、色彩都与大地、田野密切关联，雨中的画面之美、情韵之美、生命之美都表现出美好的田园风味。

5. 人称的变化美。文中重在以第一人称进行抒情和议论，重在用第二人称对读者说话，激发读者的想象与共鸣。而在文中最后的部分，作者又巧用"你"对"雨"的抒情。

6. 手法的灵动美。文章写的是雨，但不少时候并不直接对雨进行描绘。在作者的笔下，有正面的描写，也有侧面的映衬；有直接的描写，也有间接的表现。

7.表达方式的综合运用美。文中自然而优美地运用了叙述、描写、抒情、议论等不同的表达方式,特别是描写之中的抒情,又让全文的语言表达充满了情感美。

综观全文,作者带着热爱、赞美的深情,用生动美好的语言,丰富灵动的手法,挥洒饱含深情的笔触,描绘了四季的雨的不同画面,让我们得到了美的享受,也让我们得到了对大自然、对生命之美的深深感悟。

二、教学创意

关注自读课文的特点,注重突现对优美课文的语言学用训练。
课始简洁导入,出示作者简介:

刘湛秋,1935年出生,安徽芜湖人,当代著名诗人、翻译家、评论家。其作品清新空灵,手法新颖洒脱。早在20世纪80年代中期,他就被誉为"抒情诗之王"。

教师顺势点明课文特点: 这是一篇写雨的四季的散文,这是一篇写物抒情的散文,这是一篇写景抒情的散文,这是一篇运用了叙述、描写、抒情等多种表达方式的散文,这是一篇从多种感官角度表现事物的散文,这是一篇开篇点题、结尾直抒胸臆的散文。

学生做好课中学习笔记。
教师组织本课的四次自读活动。
自读活动一:概写一组短语,进行文意把握。
教师出示:春天的雨清新而纯净,_____,_____,_____。
请同学们根据课文内容,运用这种语言形式,写出夏雨、秋雨、冬雨的特点。

于是形成:春天的雨透明而娇媚,夏天的雨热烈而粗犷,秋天的雨端庄而沉思,冬天的雨自然而平静。

教师顺势点示全文总分总结构,以及"春夏秋冬"写作思维的特点。

学生做好课中学习笔记。

自读活动二：认读生字词语，课中积累语言。

1. 字词习得：

花苞（bāo） 娇媚（mèi） 粗犷（guǎng） 睫（jié）毛 静谧（mì）
高邈（miǎo） 莅（lì）临 干涩（sè） 滋润（rùn）

2. 短语习得：

绿茵茵 痒嗖嗖（suō） 金灿灿 绵绵如丝 淅淅（xī）沥（lì）沥
咄咄逼人

3. 背诵积累：

我喜欢雨，无论什么季节的雨，我都喜欢。她给我的形象和记忆，永远是美的。

啊，雨，我爱恋的雨啊，你一年四季常在我的眼前流动，你给我的生命带来活力，你给我的感情带来滋润，你给我的思想带来流动。只有在雨中，我才真正感到这世界是活的，是有欢乐和泪水的。

啊，总是美丽而使人爱恋的雨啊！

自读活动三：课文美段品析，进行旁批训练。

请同学们阅读课后阅读提示，对课文的第 2 段——春雨段进行品析，任务是：

观察课文中对春雨段的旁批，自己体味这一段笔墨生动、表达优美的特点，再进行一两次批注。

教师示例：从结构上看，这段文字先有细腻、生动的描述，然后有精练、深情的抒情。

学生独立活动，课文批注，交流之后，教师小结：

这段文字叙议结合，比拟优美，从视觉、听觉和嗅觉的角度写景状物，有色彩描写，有动态描写，有精彩镜头；有直接描写，有间接表现；作者炼字炼词炼句，深情地描写了春雨之后的美好世界。

学生做好课中学习笔记。

自读活动四：课文微文创写，感受四季之美。

任务：以"四季之美"为话题，组合《雨的四季》中的有关文字，创作一段微型美文。

指导：以"春天之美在……"这样的句式开头，每人选写一个段落。

学生写作，进行创造性的表达。发言交流之后，教师出示：

美在四季

春天之美在温柔。半空中似乎总挂着透明的水雾的丝帘，每一棵树仿佛都睁开了特别明亮的眼睛。那萌发的叶子，就像起伏着的一层绿茵茵的波浪。水珠子从花苞里滴下来，比少女的眼泪还娇媚。

夏天之美在热烈。花朵怒放着，树叶鼓着浆汁，数不清的杂草争先恐后地成长。荷叶铺满了河面，雨点和远方的蝉声、近处的蛙鼓一起奏起了夏天的交响曲。

秋天之美在成熟。这时候，田野上几乎总是金黄的太阳。成熟的庄稼地在等待着收割，金灿灿的种子需要晒干，红透了的山果也希望最后被晒得香甜。

冬天之美在洁净。屋顶，树枝，街道，都盖上柔软的雪被，地上的光亮比天上还亮。雪花，雨的精灵，雨的公主，给城市和田野带来了异常的蜜情，送给了人们一年中最后的一份礼物。

学生反复、深情地朗读。下课。

2. 七上第5课 《秋天的怀念》创新教学设计

一、课文精析

《秋天的怀念》，800余字的精美回忆性散文，史铁生"母爱"主题散文中的一篇。

文章以"我"的视角进行抒写，用沉重的抒情笔墨，描述了母亲病重却对儿子百般忍耐的宽容之爱，表达了对母亲的深切怀念与悔恨之情。

本文中的描写与抒情，尽显美感。

1. 开头之美。起笔即切入故事，多角度写"我"的"暴怒无常"，既是叙说故事，又是对母亲性格的映衬，还与文章的结尾形成对比与照应，从整体上表现出全文的抑扬格局。

2. 结尾之美。文章的结尾充满亮色，升华出美妙的意境，表现出多方面的表达作用与表达效果，特别是抒情与点题之妙。

3. 内容厚重之美。一篇短短的文章，写的是多年的故事，有"我"的童年、"我"的生病、"我"的懂事，有母爱的无私与伟大，还有妹妹的成长，更有"我们"对母亲的思念之情。

4. 行文中还表现出详略之美、穿插之美、波澜之美、虚实之美、空白之美，以及众多的细节之美。

"秋天"一词贯串全文，从标题到各段到课文收束，视点集中，写的都是秋天的故事。

"花"与"秋天"并行于文中，形成叙事线索，"北海的菊花"是叙事的重点。

"病"字关联着两个人——"母亲"与"我",表现着文章深沉的叙事基调。

"推"字点示着文中的波澜,母亲终究没有能够"推"我去看菊花,多少年后,妹妹完成了母亲的夙愿。

"悄悄"一词多次出现,深刻地表现了母亲疼爱儿子的心情和隐忍的性格。

"好好儿活"在文中有明晰的照应,表现了母亲的期盼,表现了"我"的成长与懂事。

……

二、教学创意

尝试用一个课时完成本课的高效教学。

课始导入,作家作品介绍:

史铁生(1951—2010),生于北京,著名作家。1969年去延安一带"插队"。因双腿瘫痪于1972年回到北京。

代表作有小说《遥远的清平湾》《命若琴弦》《务虚笔记》,散文《我与地坛》《合欢树》《病隙碎笔》等。

学生朗读课文,顺势进行认字识词活动:

瘫痪(tān huàn):身体某一部分完全或不完全地丧失活动能力。

暴怒(bào nù):突然非常的愤怒。

侍弄(shì nòng):这里有"料理"的意思。

憔悴(qiáo cuì):形容人瘦弱、脸色不好。

整宿(zhěng xiǔ):整夜。

诀别(jué bié):指无会期的离别;死别。

淡雅:素静雅致;素淡典雅。

烂漫:这里指颜色鲜明而美丽。

絮絮叨叨:形容说话啰唆,唠叨。

泼泼洒洒:水散洒的样子。这里形容花开得茂盛。

活动一：朗读训练，文意把握。

1. 教师指导学生朗读课文，请同学们体会文中流露的情绪，领会深沉的情感基调。

2. 范读，指导学生读好课文第 3 段：读出对话的语气，读好最后两个句子中的重音。

3. 范读，指导学生读好课文第 7 段：读出先欢快再深沉的语气，读好"要好好儿活"的重音。

4. 请同学们根据文章内容阐释课文标题"秋天的怀念"的含义。

学生静思，发言，师生对话，教师小结：

课文标题的含义："我"回忆曾经发生在秋天之中母亲疼爱"我"的故事，"我"怀念在秋天里因病突然去世的母亲，我和妹妹在美好的秋天里懂得了要像母亲叮嘱的那样，好好儿活。

教师点示："阐释标题含义"是一种学习方法；"秋天"是文中写人叙事的一条线索。

活动二：片段精读，品析品味。

1. 再指导同学朗读课文第 3 段，读出深沉回忆的味道，读出叙事的味道，读好文中的语气。

2. 请大家精读课文第 3 段，圈画关键词句，品析细节描写中母亲对儿子的关爱与深情。

话题："我"体会到这是蕴含着丰富情感的一处描写。或"爱，就在这撼动心灵的细节中"。

教师示例："她又悄悄地出去了"，写出了母亲此时生怕儿子不高兴的心理活动。

学生静读课文，动笔批注，课中发言。

教师小结：

母亲进来了，挡在窗前——母亲怕"我"见叶落而伤感。

她憔悴的脸上现出央求般的神色——母亲多么希望儿子有开心一点的时候。

喜出望外——母亲心想，儿子终于能够去北海看看了。

她高兴得一会儿坐下，一会儿站起——表现了母亲内心的欢喜、欣慰之情。

她也笑了，坐在我身边，絮絮叨叨地说着——母亲的高兴之情，溢于言表。

"你小时候最爱吃那儿的豌豆黄儿"——从更深远的角度表现母亲的爱。

她忽然不说了——生怕儿子想到"腿脚"的不便。

她又悄悄地出去了——母亲不多说，担心儿子烦；与文中其他两处"悄悄"相照应。

……

教师点示："品析生动细节"是一种学习方法，课文在平静的叙述中蕴含着感人的力量。

活动三：课文读背，语言积累。

请同学们深情背诵课文第7段，体会它在文中的表达作用：

又是秋天，妹妹推我去北海看了菊花。黄色的花淡雅，白色的花高洁，紫红色的花热烈而深沉，泼泼洒洒，秋风中正开得烂漫。我懂得母亲没有说完的话。妹妹也懂。我俩在一块儿，要好好儿活……

学生自由读背第7段，然后品味其作用。

教师小结：这一段，表示岁月中时间的流逝，象征着母爱的热烈与深沉，寄托着对母亲的深挚怀念，懂得了母亲没有说完的话，照应首段，点示了全文主旨……

教师点示："课文语言积累"是一种学习方法，对文章的结尾段要注意品析其表达作用。

学生课中做笔记。

教师用诗意的语言收束教学：

作者用沉重的笔墨，写下了母亲身怀重疾却对儿子百般忍耐的宽容之爱，写下了作者在母亲亡故之后的悔恨与追思。文中对母亲深沉的忏悔与绵绵的思念，拨动着我们的心弦。

世界上有一种美丽的声音，那是母亲的呼唤。

世界上有一种美丽的回音，那是孩子懂得了母亲的心。

3. 七下第 6 课 《老山界》创新教学设计

一、课文精析

陆定一的《老山界》,记叙文,革命回忆录,以时间变化和地点转移为线索展开叙述,通过红军长征途中翻越第一座难走的山——老山界的故事,表现了红军战士勇于战胜艰难险阻的大无畏革命精神。

1. 全文脉络层次清晰。第一天下午出发,沿着山沟往上走;傍晚,在瑶民家歇脚、攀谈;天黑之后登攀陡峭的山,半夜里到达半山之中,露宿山路。第二天黎明之后继续翻山越岭;下午两点多钟到达山顶,然后下山。

2. 文章内容丰富多姿。上山详写,下山略写。文中有路遇瑶民的故事,有战士们满天星光之中艰难爬山的描写,有作者露宿半山之中的奇妙见闻,有医务人员、伤员、病员英勇爬山情形的简叙,有作者宣传工作的情形和爬山感受的穿插,还有对沿途景物的描写。

3. 叙述描写手法生动。详写路遇瑶民的故事,表现了军民情,红军就是人民的军队;细写在"之"字拐的路上攀爬,表现了红军战士们的英勇乐观;精致地描叙山中露宿之感,既舒缓了文章的叙事节奏,又显现出描叙的美感,同时表现了一种乐观精神;快到山顶时对机关枪声和飞机声音的描写,点示战斗的背景,对翻越老山界进行映衬烘托;下山时路上几处景致的描写,表达出一种抒情的味道,是以景衬情的写法。

4. 多角度表现老山界的特点。老山界山高路陡,难以逾越,但仍然被红军踏在了脚下。作者写山的陡峭,似乎也是文中的一条线索。细细欣赏,可以感受到如下多种角度。

（1）直接描写：在"之"字拐的路上一步一步地上去。向上看，火把在头顶上一点点排到天空；向下看，简直是绝壁，火把照着人的脸，就在脚底下。

（2）间接表现：因为山路很难走，一路上需要督促前进。

（3）正面描写：雷公岩果然陡极了，几乎是九十度的垂直的石梯，只有一尺多宽。

（4）侧面衬托：走了半天，忽然前面又走不动了。传来的话说，前面又有一段路在峭壁上，马爬不上去。

（5）仰视角度、俯视角度、对比角度、内心感受角度等。

二、教学创意

本课教学创意：教读课文，两个课时；关注课后"思考探究""积累拓展"题的利用。

课时一的教学内容

课始导入，结合课前预习要求，介绍"长征"，简说"老山界"，介绍作者。

"长征"简介可以这样表述：

长征：1934年10月，中央主力红军为摆脱国民党军队的"围剿"，撤离长江南北的根据地，转战两年，到达陕甘苏区的战略转移行动。

顺势认字识词：

满望　瑶民　攀谈　苛捐杂税　篱笆　骨碌　蜷起　酣然入梦
不可捉摸　细切　呜咽　澎湃　搀扶　景致

活动一：课文内容概说。

请同学们朗读课文，根据"思考探究一"回答问题：

文章按照时间变化和地点转移展开叙述。试以此为线索，概括作者翻越老山界的经过。

点拨：圈画表示时间和地点的关键词句，然后组合起来进行概说。

请同学们接着这个句子说下去：我们开始攀越老山界了，_____。

学生发言之后，教师出示，学生朗读：

我们开始攀越老山界了，当天下午，沿着山沟向上走；当天晚上，从山脚爬到了半山；第二天黎明从半山出发，下午两点到了山顶，然后下山。我们终于跨越了长征中第一座难走的山。

教师顺势点示：长征之中，红军闯过老山界，冲破乌江天险，巧渡金沙江，强渡大渡河，飞夺泸定桥，爬雪山，过草地；长征之中，有着无数惊天地泣鬼神的故事！

活动二：品析爬山之难。

请同学们看"思考探究二"，思考：作者是怎样写爬山之"难"的？

教师示例：课文第一段就暗写了爬山之难，课文最后一段明确地点出了爬山之难。

同学思考，揣摩，发言。

教师小结：路程的遥远、山路的高陡、峭壁与悬崖、夜间的行军、粮食的缺少、队伍的笨重、后方有战斗……这一切都表现了红军的爬山之"难"，表现了红军战士坚强的革命意志和乐观主义精神。

教师点示："难"的描写贯串全文，抓住"难"字读课文，感受就更加实在、深刻。

课时二的教学内容

活动一：品一品，背一背。

教师指导学生朗读课文"半夜里，忽然醒来"这一段。

教师指出：这一段中，生动、细腻的描写特别优美，请大家赏析这个片段，找出一两处精彩的描写，品一品，做一些批注。

教师示例：

半夜里，忽然醒来，才觉得寒气逼人，刺入肌骨，浑身打着战。——这个句子用了"寒气逼人"等三个短语，反复写深夜山中严寒，表现山之高峻，表现征途之难。

学生静读，批注，课中发言，师生对话。

教师小结，学生笔记这段文字的表达之妙：

（1）以景衬人；（2）以声写静；（3）从感觉的角度、视觉的角度、听觉的角度叙事写景；（4）比喻、排比精美生动；（5）描写细腻，美感丰富，真实地写出了行军露营中高山深谷特有的寂寥寒冷和音响回荡、不绝于耳的特有景象。

顺势请同学们背诵这段精美的文字。

活动二：找一找，写一写。

请同学们撷取课中美句，写一篇微文。微文标题是：无比险峻的老山界。

学生动笔，写作微文，朗读微文，教师评说。

教师出示微文，学生朗读。

无比险峻的老山界

老山界是一座三十里高的瑶山。

红军夜晚翻越雷公岩的时候，从山脚向上望，只见火把排成许多"之"字形，一直连到天上，跟星光接起来，分不出是火把还是星星。在"之"字拐的路上一步一步地上去，再向下看，简直是绝壁，火把照着人的脸，就在脚底下。

天亮的时候，再看雷公岩，果然陡极了，几乎是九十度的垂直的石梯，只有一尺多宽；旁边就是悬崖，虽然不很深，但也够怕人的。

无比险峻的老山界，是红军长征中所过的第一座难走的山。

教师再次点出课文表现了红军的革命英雄主义精神，收束教学。

4. _____ 七下第 15 课 《驿路梨花》创新教学设计

一、课文精析

彭荆风的《驿路梨花》，是一篇让我们越读越有味的微型小说。

1. 故事的铺展。序幕：发现了一座小茅屋；开端：能够在小茅屋过夜；发展：错认了小茅屋主人；高潮：再错认小茅屋主人；结局：知道了小茅屋的来历；尾声：驿路梨花处处开。

2. 构思的特点。第一，在一晚一早之中表现雷锋精神十余年的传扬；第二，故事中人物，有个像也有群像；第三，以大山中的一间小茅屋为场景表现了美好的雷锋精神；第四，因为误会，自然地让瑶族老人和哈尼小姑娘"讲故事"；第五，小说中的故事，有实写也有虚写；第六，情节一波三折，既有悬念，也有误会；第七，纯美梨花的描写作为线索贯串全文；第八，这是一篇小说，因为诗意的表达，也极富散文韵味。

3. 细细地进行观赏。它有充满诗意之美的标题，同样有情致美好的点睛之笔；它用描写人物群像的方式，表现、赞美了雷锋精神、边疆民风和助人为乐的社会风尚；它安排了"老余"这个人物，简化了叙事的过程；它用悬念层叠的手法让故事逶迤展开；它用描写误会的手法漾起故事中的波澜；它用前后照应的方式使文章的内部结构显得严密；它抒写了"我"的梦境，美化了抒情的角度；它显现出故事之中有故事的构思特色；它用虚笔描写的手法，让故事有着咀嚼不尽的韵味；它用"梨花"一词，表现出丰富的象征意义……

4. 匠心独运之处。在不到一天的时间内写一个历时久远的故事：连绵大山和小茅屋,是故事的大小两个场景的设置;解放军战士与"梨花"姑娘的虚写等。有趣的是瑶族老人与哈尼小姑娘的设置,他们的出现,既漾起故事中误会的波澜,又增加了表现雷锋精神的力量。最艺术的构思是:由点及面,由瑶族老人与哈尼小姑娘讲述了好多动人的故事,以虚衬实的手法极为生动。

二、教学创意

本次教学创意:小说阅读赏析,利用课后探究思考题对学生进行阅读能力训练。

第一个课时,进行两次课中训练活动

课始,简洁生动、富有情致地导入,介绍作家与作品,介绍雷锋,解说文章标题的来由,认字识词。

字词学习的内容主要有:

1. 字音字形。

驿(yì)路　暮色　陡峭　茂密　花瓣　竹篾(miè)　麂(jǐ)子
恍惚(huǎng hū)　修葺(qì)　菌(jùn)子　折损(zhé sǔn)

2. 四字短语。

夕阳西下　一弯新月　忽明忽暗　轻轻飘落　清凉可口　守山护林
穿山走林　香气四溢　驿路梨花

活动一:小说立意品析。
请同学们自读课文,思考:
下面的人物分别与小茅屋有过什么故事?谁是小茅屋的主人呢?
"我"与老余、瑶族老人、一群哈尼小姑娘、梨花。
学生静读课文,思考,发言,基本上能够体味到"大家"都是小茅屋的主人。

教师小结：

（1）文中塑造了一组助人为乐的边疆军民的群像，特别是小梨花及其小伙伴；人物的心灵美是这篇小说的灵魂。（2）这篇小说通过山间小茅屋的故事，赞扬了西南边疆军民学习雷锋、助人为乐的精神风貌。

点示：小小故事，宏大主题。（学生做笔记）

活动二：构思手法欣赏。

请同学们细读课文，思考：本文构思巧妙，层层设置悬念和误会，使故事情节一波三折。结合课文内容分析这种写法，说说其表达效果。

教师介绍：悬念，是让人们在欣赏文学作品或影视戏剧时，对情节发展和人物命运非常关切或急于知道的一种写作手法。

学生读课文，体味文中的悬念与误会的设置。教师在对话中出示故事中的几次"悬念"：

（1）"我们"行走在暮色苍茫的哀牢山茂密树林中，夕阳西下，不见人家。

（2）在美丽的梨花树林中，"我们"进入了小茅屋。那充满热情的"请进"二字，那一应俱全的生活用品……

（3）"我们"误把进屋来的瑶族老人当作主人。老人讲述了自己的来意和梨花的故事。

（4）哈尼小姑娘出现，讲了解放军叔叔的故事。

教师点示：形成波澜，增加美感。（学生做笔记）

第二个课时，进行两次课中训练活动

活动一：小说妙点揣摩。

学生朗读全文，再次感知小说细节。

出示赏析话题：为什么要写这一笔？

教师示例：小说起笔就描绘了边疆驿路之中陡峭的大山、茂密的树林、寂静的山路以及赶路的行人。这就为后文写山间小屋埋下了伏笔。同时，也交代了故事发生的时间、地点及有关人物。

学生静读思考，揣摩、批注、发言。

师生对话，教师点示本文妙点，学生做笔记：

"我"和老余：精巧的叙事角度；一晚和一早：浓缩十余年故事；梨花和小屋：本文的两条线索；老人与小孩：故事之中有故事；悬念和误会：情节的曲折生动；正面与侧面：多彩的表现手法；实写与虚写：叙事笔法的魅力；承上与启下：梦境描写的巧妙；起笔与收笔：首尾的呼应照应；现在与过去：小说主旨的突现。

点示：构思精巧，手法生动。

活动二：特别手法欣赏。

教师出示小说中的"梨花"句，学生深情朗读。

话题：品析"梨花"句的美妙作用。

学生静读思考，发言，师生对话。

教师小结之一：

"白色梨花开满枝头，多么美丽的一片梨树林啊！"——描绘景物，烘托人物，首次点题。

"多好的梨花啊！"——直接描写，热情赞美，第二次点题。

"我望着这群充满朝气的哈尼小姑娘和那洁白的梨花，不由得想起了一句诗：'驿路梨花处处开。'"——既写景，又写人，第三次点题。

教师小结之二：

"梨花"描写，含义丰富：纯美梨花，梨花姑娘，雷锋精神，边疆民风。

点示：细节精美，一唱三叹。

学生做笔记，顺势收束教学。

5. ＿＿＿＿＿ 八上第13课
《钱塘湖春行》创新教学设计

一、课文精析

白居易的写景诗《钱塘湖春行》，通过对西湖早春美好景物的描绘，抒发了游湖的喜悦和对西湖风景的喜爱。全诗结构谨严，衔接自然，对仗精工，语言清新，是吟咏西湖的经典名篇。

诗联赏析：

孤山寺北贾亭西，水面初平云脚低。

第一句交代了景点位置，第二句写西湖的湖面。作者来到了孤山寺的北面，贾公亭的西畔。春水起伏荡漾，云幕低垂水面，湖光山色，尽收眼底；在水色天光中，白云与湖面上荡漾的波澜连成一片。"云脚低"三个字很有表现力，写出了视野的辽远和早春湖面的开阔。

几处早莺争暖树，谁家新燕啄春泥。

用"早"来形容黄莺，暗点春早。"早"字既照应着标题中的"春"，也与后面的"浅草"遥相呼应。一个"争"字，写出了鸟语的喧闹，鸟儿的快乐。"新燕"的"新"，同样有生动的表现力；一个"啄"字，写出了燕子忙碌而兴奋的情态，写活了小燕子。这两句着意描绘莺歌燕舞的动态，使全诗洋溢着春的活力与生机。

乱花渐欲迷人眼，浅草才能没马蹄。

第五章 教学创意篇

这里笔锋一转，视点变化，由鸟儿至花草。"乱花渐欲迷人眼"写五颜六色的鲜花漫山遍野地开放，在湖光山色的映衬下，争奇斗艳，美不胜收。"浅草才能没马蹄"是神来之笔，写一路徐行、惬意观赏；更通过"马蹄"来写早春——"马蹄"映衬青草；"没马蹄"，把人们对早春的感受写出来了，传达出内心微微的激动。

以上两联，撷取典型镜头，从莺、燕、花、草的角度，有远有近、有静有动、有声有色地描述了"钱塘湖春行"。

最爱湖东行不足，绿杨阴里白沙堤。

这里似乎是本诗的第二层，有"篇末议论抒情"之味。"最爱"，直接抒情；"行不足"，点示出作者漫步于绿杨阴里的白沙堤上，留恋美景，流连忘返的情致。

这首诗就像一篇短小精美的游记，写景抒情，写出了融和宜人的春意，写出了自然之美所给予诗人的身心愉悦的感受。

二、教学创意

容量饱满，板块清晰，训练角度细腻，学生活动充分。
课时安排：一个课时。
训练活动设计：课文朗读背诵，字词作用品析，课中趣味讲析。
课始，介绍西湖，介绍作家与作品：

钱塘湖即西湖，杭州西湖历史悠久，古迹遍布，山水秀丽，景色宜人，是世界著名的风景游览胜地。
白居易（772—846），字乐天，晚年称香山居士，太原（今属山西）人。唐代著名诗人，著有《白氏长庆集》。
此诗写于白居易任杭州刺史（823、824年）间的春天。

学习活动一：课文朗读，认字识词。
教师从不同的角度引领、指导学生由整体到局部反复朗读课文：

钱塘湖春行

白居易

孤山寺北贾亭西,水面初平云脚低。
几处早莺争暖树,谁家新燕啄春泥。
乱花渐欲迷人眼,浅草才能没马蹄。
最爱湖东行不足,绿杨阴里白沙堤。

一读,准确地朗读;二读,读清诗句节奏;三读,入景入情地朗读;四读,把握语速,突现抒情重音。

然后落实字词教学,学生反复朗读:

孤山:在西湖的里湖与外湖之间,山上有孤山寺。

贾亭:贾公亭。西湖名胜之一。唐代贞元年间,贾全在杭州做官时在西湖边建造此亭。

水面初平:春天湖水初涨,水面刚刚平了湖岸。初:刚刚。

云脚低:白云层层叠叠,同湖面上的波澜连成一片,看上去浮云很低。云脚:接近地面的云气,多见于将雨或雨初停时。

早莺:初春时早来的黄鹂。

暖树:向阳的树。

新燕:刚从南方飞回来的燕子。

乱花:纷繁的花。

欲:将要,就要。

迷人眼:使人眼花缭乱。

没:遮没,隐没。

行不足:百游不厌。不足,不够。

阴:同"荫",指树阴。

白沙堤:指西湖的白堤,又称"沙堤"或"断桥堤"。

学习活动二:自读课文,自读自讲。

每位同学都根据课文注释和自己对诗句的理解,反复自讲诗句的大意和全诗的内容，然后教师出示本诗译文，学生朗读：

钱塘湖春行

行至孤山寺北，贾公亭西，举目远眺，但见水面涨平，白云低低。

几只黄莺，争先飞往向阳树木；谁家燕子，为筑新巢衔来粒粒春泥。

鲜花缤纷，几乎迷人眼神；野草青青，刚好遮没马蹄。

最喜爱湖东景色，令人观赏不够，那绿杨掩映下的白沙堤，让人流连忘返。

接着请所有学生当堂背诵本诗。

老师顺势出示对本诗的优美描述，学生朗读：

本诗就像一篇微型游记。诗人从孤山、贾亭开始，到湖东、白堤止，一路观赏美好春景。在湖清山绿、美如天堂的景色中，饱览了莺歌燕舞，陶醉于新花烂漫、绿草茵茵。最后，才意犹未尽地沿着白沙堤，在杨柳的绿荫底下，一步三回头，恋恋不舍地离去了。

学习活动三：趣味练习，语言品析。

出示话题： 诗中的这个字用得好，它写出了_____。

教师示例： "低"字用得好，表现了视野的开阔。

同学们品析，批注，发言，师生对话。

教师小结：

"低"，表现了视野的开阔；"早"，写欣欣向荣初春的来到；"争"，表现了春鸟的快乐、鸟语的喧闹；"暖"，写阳光，表现大地春回；"新"，表达出赞美喜爱之情；"啄"，描写燕子忙碌而兴奋的情形；"乱"，写花的千姿百态、争奇斗艳；"迷"，花多花美，美不胜收，应接不暇；"没"，有画面感、分寸感；"爱"，喜爱之情，陶醉之情。

学生朗读，做笔记。

集体背诵全诗，收束教学。

6. 八上第17课《昆明的雨》创新教学设计

一、课文精析

汪曾祺的《昆明的雨》：

一篇综合地表现了汪曾祺散文创作特点的文章。一方面，有着"真正的文人散文"的味道。汪曾祺的中国传统文化修养深厚，他写凡人小事、叙民俗风情的篇章，有着清新语言、清朗结构和清俊画面，《昆明的雨》就是这样的篇章。另一方面，汪曾祺有美食家之誉，所以他笔下有不少谈"吃"的文章，同样能够让我们感受到其中的文趣和雅趣，《昆明的雨》就是这样的篇章。

一篇章法结构优美、严谨、生动的文章。开头别有创意，一笔宕开，从一幅画写起，引出所写内容。主体部分行文流畅，作者将记忆中昆明雨季的景、物、事一幅幅、一幕幕地多角度展现开来，由物及人，最后落脚于莲花池边酒店里与友人小酌的描叙。结尾别有新意，用追忆"情味"的小诗收束。

一篇充满美感和诗意的文章。文中有景物的美、事物的美、滋味的美、氛围的美、人情的美，其中贯串着一条明晰的情感线索——对昆明生活的喜爱与想念。这条线索将多个表达作者喜爱之情的素材聚拢起来，鲜活、立体地描绘出一个"明亮的、丰满的、使人动情的"昆明雨季。

一篇描述手法生动精美的文章。本文题为《昆明的雨》，但并没有用多少笔墨直接写雨，而是用了大量文字间接写雨，对"雨"往往只是点染一下，且关注到时不时地进行照应，更多的内容是着力于对昆明风情的描述。

这样就极大地增加了文章的容量，极好地拓宽了文章的内容，同时又显得情感线索分明。

一篇非常讲究语言艺术的文章。汪氏语言的特点是，平淡而有味，用适当的口语表现作品的地方特色，有淡淡的幽默。这种语言特色，在本文中有鲜明的表现，特别是"昆明菌子极多"这一段，可以让我们欣赏到汪曾祺散文的特点，以及他的散文的语言特点。

二、教学创意

创意：自读实践，审美阅读；一个段，又一个段。

课始，简洁导入，介绍作家，介绍作家的创作风格：

汪曾祺（1920—1997），江苏高邮人，师承沈从文，现当代著名小说家、散文家。代表作有小说《受戒》《大淖记事》等。有美文家和美食家之誉。

汪曾祺的散文，简单朴素，平淡自然，往往拾取生活中的细小事物，娓娓道来，如话家常，读后却如饮醇酒，清厚绵长。

接着分三个层次落实词句积累教学：

1. 需要读准字音的词：

辟邪　鲜腴　八卦　篱笆　菌子　鸡㙡　黄焖鸡　张目结舌　扳尖

2. 表现地方特色的词语：

仙人掌　青头菌　牛肝菌　鸡㙡　黄焖鸡　干巴菌　蟹腿　青辣椒　鸡油菌　杨梅　缅桂花　白兰花　桂花　猪头肉　木香花

3. 优美的语言组合：

昆明的雨季是明亮的、丰满的，使人动情的。城春草木深，孟夏草木长。昆明的雨季，是浓绿的。草木的枝叶里的水分都到了饱和状态，显示出过分的、近于夸张的旺盛。

自读实践活动之一：把握文意，理清线索。
　　教师请学生浏览课后阅读提示，接着引导同学们圈画出全文的关键句：

　　我想念昆明的雨。
　　昆明的雨季是明亮的、丰满的，使人动情的。
　　雨季逛菜市场，随时可以看到各种菌子。
　　雨季的果子，是杨梅。
　　雨季的花是缅桂花。
　　雨，有时是会引起人一点淡淡的乡愁的。
　　我想念昆明的雨。

　　教师指出，这些关键句概略地表现了全文的基本内容。
　　教师顺势指点学生了解本文的行文脉络和情感线索：
　　昆明的雨季，这里的气压"让人舒服"——愉悦之情；这里草木的色彩"使人动情"——陶醉之情；这里卖杨梅女孩的声音"使昆明雨季的空气更加柔和"——一种柔情；这里的房东会把辛苦摘下的缅桂花分送给邻居——一种温情；而友人，会在这样的雨季，陪着汪先生赏雨观景，让他暂时忘却了乡愁——一种友情。
　　请同学们勾勒出"阅读提示"中的重要点示：文章信笔所至，无拘无束，其中贯串着一条情感线索——对昆明生活的喜爱与想念。
　　自读实践活动之二：美段背诵，美感品味。
　　指导学生背诵课文第8段：

　　雨季的果子，是杨梅。卖杨梅的都是苗族女孩子，戴一顶小花帽子，穿着扳尖的绣了满帮花的鞋，坐在人家阶石的一角，不时吆喝一声："卖杨梅——"声音娇娇的。她们的声音使得昆明雨季的空气更加柔和了。昆明的杨梅很大，有一个乒乓球那样大，颜色黑红黑红的，叫作"火炭梅"。这个名字起得真好，真是像一球烧得炽红的火炭！一点都不酸！我吃过苏州洞庭山的杨梅、井冈山的杨梅，好像都比不上昆明的火炭梅。

　　请同学们品味这一段的美感：重点内容突现之美，人物外貌描写之美，人物声音描写之美，事物形态描写之美，对比手法运用之美，词语运用精致之美，作者情感抒发之美……

自读实践活动之三：评点批注，精段赏析。

教师引导学生品析课文的第 10 段，先朗读：

雨，有时是会引起人一点淡淡的乡愁的。李商隐的《夜雨寄北》是为许多久客的游子而写的。我有一天在积雨少住的早晨和德熙从联大新校舍到莲花池去。……四十年后，我还忘不了那天的情味，写了一首诗：

莲花池外少行人，
野店苔痕一寸深。
浊酒一杯天过午，
木香花湿雨沉沉。

接着交代任务：请同学们评点批注，赏析这部分文字中的语言之美、情味之美。

学生批注，品析，课中发言。

教师在对话中点示，这部分文字：有着场景的美，画面的美，景物的美，意境的美；有"雨"的线索之美，"鸡"的特写之美，"花"的描述之美，"人"的情味之美；还有运用小诗抒发真情之美，以及其诗文结合的手法之美……

以上教学内容，需要学生有丰富的课中学习笔记。

7. 八下第 20 课 《一滴水经过丽江》创新教学设计

一、课文精析

《一滴水经过丽江》，阿来的散文，别具一格的游记，运用拟物自述构思法，通过描写一滴水的旅行，全方位展现了丽江古城的自然风光、历史沿革和人文景观。

写作这样的美文，需要有丰厚的地理、历史知识和对于当地风情的透彻了解；写作这样的美文，需要有丰富的想象力，穿越时空而又着眼现实，对材料进行详略有致、重点突出的安排；写作这样的美文，需要运用一定的艺术手法，表达生动，构思奇妙，视角独特。

作者构思之缜密，表现在一个"由"字上。

全文由古及今，由远而近，由略到详，由概写到细写，由高山到古城，由街上到人家，由城内到田园，由白天到晚上，由玉龙雪山到金沙江畔，由描述到抒情……方方面面都有描述的"线条"，可谓精巧自然。

从游记写作的技巧看，本文以"我"的视角进行叙述，以"一滴水"的奇幻生命旅程为线索，在移步换景中多角度地展现丽江古城的风貌，在绘物、写景、叙事中抒情。

本文表达之生动，表现于一个"有"字。

有虚写与实写。古老的丽江坝、新建的一座城、筑成后的四方街、徐霞客的远游，基本上都是作者想象中的内容，通过这些虚写来表现古城悠久的历史文明，表现作品的奇特构思。现在的四方街、纳西人的安逸生活、古城的五彩之夜等，在文中都有写实的味道，以表现古城景物的美好、人民文化生活的丰富和日常生活的恬淡。

有概写有细写。概写用于展现历史风貌，如第 2 段，勾勒了丽江古城的历史，用一段文字带过了千百年的历史进程。细写用于描述现今的美好，如第 13 段，描述了"我"观察到的古城人民的多个方面的美好生活。

文中还有时间上的大幅度跳跃，有明晰游踪之中的空间转换，有历史文化知识，有大量四字短语，有让人如同身临其境的生动描写，有融汇在字里行间的深情……

二、教学创意

本次教学创意：审美阅读，人人参与，说，读，写。

时间安排：一个课时。

课始出示：进入"游记"单元的学习——了解游记特点，把握作者游踪、写景角度和方法，品味语言，积累精彩语句。

介绍作者：阿来（1959—），四川阿坝州人，当代作家，小说家。

简介丽江：丽江市位于云南省西北部，旅游资源丰富，有丽江古城、玉龙雪山、虎跳峡、老君山等知名旅游景点。

特别介绍：纳西族，我国民族之一，主要分布在云南西北部、四川西南部。纳西族在艺术方面独树一帜，其诗文、绘画、雕塑、乐舞艺术名扬中外。

随即点明游记体裁，请同学们浏览课文，认字识词，重点落实如下四字短语的认读积累：

玉龙雪山	绿色盆地	大声喧哗	高大挺拔	名扬世界	丽江古城
高山溪流	亭台楼阁				
晶莹夺目	目眩神迷	水流漫溢	依山而起	重重房屋	顺水而去
蜿蜒老街	叮叮当当				
白须垂胸	香气隐约	眺望远山	穿城而过	五彩斑斓	尽情欢歌
夜凉如水	穿越大地				
满天星光	喧腾奔流	跃入江流	奔向大海		

学法实践之一：像这样进行概说——进行文意把握。

同学们自读课文，教师引导同学们依据课后阅读提示，自读自讲，人人都要反复概说课文内容：

这滴水，自玉龙雪山流下，一路向南，流过美丽的丽江坝，看过初建的丽江城，见证了人世的沧桑巨变；最终在昏睡数百年后再次醒来，来到现代的四方街。他登上水车，远眺古城全貌；跨入小店，领略东巴文字的魅力；投身民居，体验百姓生活的恬淡；之后穿城而出，欣赏古城五彩斑斓的夜和旷野宁谧澄澈的美；在得偿夙愿后，跃入金沙江，完成了圆满的丽江之行……

学法实践之二：像这样朗读课文——体味美丽风情。

教师指导： 朗读《一滴水经过丽江》，可以精选其"风情"描写的片段，进行语音优美的、富于情致的朗读体味，将这些文字及其美感读到自己的心里。

教师示例朗读：

我看见了潭边的亭台楼阁，看见了花与树。我还顺着人们远眺的目光看见了玉龙雪山，晶莹夺目矗立在蓝天下面。潭水映照雪山，真让人目眩神迷啊。

我乘水车转轮缓缓升高，看到了古城，看到了狮子山上苍劲的老柏树，看到了依山而起的重重房屋，看见了顺水而去的蜿蜒老街。古城的建筑就这样依止于自然，美丽了自然。

每位同学都自选内容，进行朗读体味。如：

在高山上，我们沉默了那么久，终于可以敞开喉咙大声喧哗。一路上，经过了许多高大挺拔的树，名叫松与杉。还有更多的树开满鲜花，叫作杜鹃，叫作山茶。经过马帮来往的驿道，经过纳西族村庄里的人们，他们都在说：丽江坝，丽江坝，那真是一个山间美丽的大盆地。

学生自己喜欢的内容，可以当堂背诵。

学法实践之三：像这样抒写微文——学用优美语言。

请同学们自选角度，自由命题，学用课文语言，诗意盎然地描绘丽江古城之美。

如：美丽的丽江坝，古城之夜，神奇的黑龙潭，四方街前，古城民居，城外之美，丽江城里的游客……

教师出示例文：

古城之夜

古城五彩的灯光把渠水辉映得五彩斑斓。游客聚集的茶楼酒吧中，传来人们的欢笑与歌唱。这些人来自远方，在那些地方，即便是寂静时分，他们的内心也很喧哗。在这里，尽情欢歌处，夜凉如水，他们的心像一滴水一样晶莹。

江水在宽广的丽江坝中流淌，穿越大地时，头顶上满天星光。一些薄云掠过月亮时，就像丽江古城中，一个银匠，正在擦拭一只硕大的银盘。

学生人人动笔，创写微文；课中发言，教师评点，小结本课的学习内容。

8. _____ 八下第24课
《卖炭翁》创新教学设计

一、课文精析

《卖炭翁》，唐代现实主义诗人白居易的作品，叙事诗，古体诗，乐府诗。

古体诗是与近体诗相对而言的诗体，指近体诗形成前的各种诗歌体裁。乐府诗，一种带有音乐性的诗体的名称。"新乐府"是指唐人自立新题而作的乐府诗。

《卖炭翁》，整首诗深沉叙事，情节紧凑，层次分明，人物形象鲜明，表现了诗人同情贫苦劳动人民的情怀。

全诗分为两个部分：第一部分主要描述卖炭翁无比辛勤的劳作；第二部分主要描述卖炭翁遭遇的残酷掠夺，诗中波澜起伏，让人触目惊心。

第一部分的每个字眼都表现了卖炭翁的穷、苦、累。起笔即切入故事，首句让人物出场，并点示人物劳作的荒僻场景。第二句应接"伐薪烧炭"，用色彩黯淡的特写镜头表现人物的外形特点。第三句巧妙点示"卖炭"是老人唯一生活来源的故事背景。第四句描写老人衣着单薄却"心忧炭贱愿天寒"的心理。这两句都与全诗末句遥相照应，在对比中表现卖炭翁的悲剧。第五、六句写恶劣的天气和遥远的路程，"南门外"点出了悲剧发生的地点。

第二部分情节突转，宫中太监及其爪牙出现。"手把文书口称敕"点示了事件的"宫市"背景，"一车炭，千余斤"6个字，既照应前文，暗写了卖炭翁的无比辛劳，又表现了卖炭翁被掠夺之后的无比辛酸。全诗以"半匹红纱一丈绫，系向牛头充炭直"收束，对比鲜明，戛然而止，留下了深远的想象空间。

进一步细读全诗：起笔收笔的表现力，句子的表现力，字词的表现力，细节描写的表现力，一车炭、一场雪、一段路的表现力，作者感慨的表现力，诗中叙事速度的表现力，映衬手法的表现力，对卖炭翁肖像、心理、动作描写的表现力，卖炭翁典型形象的表现力等，都能给我们以咀嚼不尽的意味。

二、教学创意

一个课时的教学，体味诵读美，品析诗句美。

课始，介绍作家、作品、文体知识，介绍诗中故事的历史背景知识，介绍两次主要活动。

学习活动一：体味诗歌的诵读美。

1. 听读朗读，词义理解。

教师深情朗读课文，学生听读；学生集体朗读课文，教师指导朗读要求：中速，表达叙事语气。

教师出示课后注释和补充注释，学生反复朗读、识记。

特别强调如下生字的读音：

鬓（bìn） 裳（shang） 碾（niǎn） 辙（zhé） 敕（chì） 叱（chì） 系（xì）

2. 各自朗读，自读自译。

教师示范、指导朗读技巧：中速，读清诗句节奏。学生各自朗读体味，根据注释，在理解的基础上口头自译课文；教师出示全诗译文，学生朗读。

3. 深情朗读，概说故事。

教师指导学生用深沉的、叙事的语气朗读全诗。顺势完成课后练习二：说说《卖炭翁》讲述了一个什么样的故事，揭露了怎样的社会现实。

学生发言，教师小结：《卖炭翁》讲述了一位经历无数辛劳的穷苦老翁被宦官轻易掠夺一车木炭的故事，表现了唐代劳动人民"苦宫市"的社会现实。

4. 课中积累，背诵全诗。

继续指导学生朗读，读出重音，读清句与句、层与层之间的停顿，读出描绘情景的味道；同学们集体背诵全诗。

学习活动二：品析诗句的语言美。

教师交代：品析本诗的语言美，品味本诗诗句的表现力；活动方式是静读，体味，批注。

对本课语言的品析，可以有两种角度：一是字词的表现力，二是诗句描写的表现力。上课时可选取其中的一个角度组织课中品析训练活动。

品析的角度之一：字词的表现力。

教师示例：请同学们用"……用得好……写出了"说一句品析课文字词的话。如：

"尘灰"用得好，它写出了卖炭翁的劳动环境之脏。

"烟火"用得好，它写出了卖炭翁长期烧炭之劳。

同学们静读、批注，课中发言。如：

"苍苍"用得好，它绘其饱经风霜之衰。

"两鬓"、"十指"、尘灰满面、衣服褴褛，几个特写，使人触目惊心。

"愿天寒"用得好，入木三分地揭示了老人无可奈何的处境。

"碾冰辙"使人想象"衣正单"的老翁在冰天雪地里艰难行路的情景。

"惜不得"，写出了老翁的无限悲痛和失望的心情。

"手把""口称""回车""叱牛"几个连续的动作，表明抢炭的过程简单粗暴，不由分说，直接写宦官专横跋扈、任意掠夺的暴行。

"充"字用得好，一个"充"字，写出了"宫市"巧取豪夺的实质。

……

品析的角度之二：诗句描写的表现力。

教师示例：

"卖炭翁，伐薪烧炭南山中。"这句诗很有表现力，从整体上看，它点出了故事中的主要人物、他的繁重劳作及偏远场景，暗写了炭的来之不易。一个"翁"字，表现其劳动与生活的艰困，"卖""伐""烧"三个字，写出了老人沉重的体力劳动。

学生静读、批注 5 分钟，课堂发言，师生对话。

教师小结诗句的语言之美和语言的表现力：

1. 情节设置美：既写了漫长时间中的辛劳，又写了短暂瞬间内的失去。

2. 肖像描写美：表现了劳动环境的恶劣，体现了老翁烧炭的苦累。

3. 心理描写美：有老翁"心忧炭贱愿天寒"的反常心理，有老翁"宫使驱将惜不得"的暗自悲伤。

4. 环境描写美：深山老林，大雪封路，艰难跋涉，多角度地表现着老翁在挣扎中求生。

5. 短语精当美："伐薪烧炭"用得好，"满面尘灰"用得好，"两鬓苍苍"用得好，"牛困人饥"用得好，"翩翩两骑"用得好，"回车叱牛"用得好。

还有，诗中的动词美、设问美、映衬对比手法美……

学生顺势进行精要的笔记。

背诵课文，收束教学。

9. 九上第25课
《刘姥姥进大观园》创新教学设计

一、课文精析

本文节选自《红楼梦》第40回，写的是刘姥姥二进荣国府的故事。

《红楼梦》第39回中写到，刘姥姥在田园丰收之后，带了些新鲜的瓜果菜蔬之类，来到贾家，以表对凤姐先前打发银两的感谢。这次颇得贾母喜欢，于是留住在荣国府。

在第39回中，刘姥姥善编故事，甚至让宝玉信以为真，这就为课文中众人打趣刘姥姥进行了铺垫，埋下了伏笔。

本文从刘姥姥的视角，表现了贾府的豪华、富贵和奢侈的生活，乃至人物之间的微妙关系。

虽然是节选，但故事情节结构清晰。故事的开端，有明显的关键词，鸳鸯说"得了个女清客"，凤姐说"今儿就拿他取个笑儿"；故事的发展，有凤姐的使眼色，有鸳鸯"嘱咐了刘姥姥一席话"；故事的高潮，是刘姥姥席间表演所形成的"笑"剧；然后以描写凤姐等人的吃饭收束。

故事的叙事手法，有悬念的设置，有前后照应，有生动的细节描写，有点与面的相互映衬，有出色的场景氛围描写。整个故事就像一个微型喜剧，有导演，有主角，有配角兼观众，有正面的描写，有侧面手法的映衬烘托。特别是对众人大笑的场景描写，刻画细腻，栩栩如生。

主人公刘姥姥表现出了鲜明的性格特点，既朴实善良又聪明能干；能够平静地领会鸳鸯们的意图，能够不露痕迹地进行自然而然的"表演"，仅"说话"方面的"聪明"就给能给贾府的人们以乐趣与好感。

刘姥姥的语言表达得体而自然。她说让人喜欢听的好话，如"我越看越舍不得离了这里了"；她说让人高兴听的俗话，如"这个叉巴子，比我们那里的铁锨还沉，那里拿的动他"；她说着逗人大笑的话，如"老刘，老刘，食量大如牛：吃个老母猪，不抬头"；她说故意装作自己不懂的让人发笑的话，如"这里的鸡儿也俊，下的这蛋也小巧，怪俊的"；她说表达自己心情的真话，如"咱们哄着老太太开个心儿，有什么恼的"……

在作者细腻的笔触中，展现了语言、动作极富个性的刘姥姥的形象。

二、教学创意

创意：进行课中活动创新的自读课文教学；在课文处理上做到"理解一整篇，细读一部分"，在学生活动方式上做到"读写结合"。

课始进行内容厚重的教学铺垫：

介绍《红楼梦》，介绍曹雪芹，介绍大观园，简介故事中的人物关系，介绍《红楼梦》中的刘姥姥，介绍"刘姥姥进大观园"前后的情节，认读本课生字词。

创新的自读活动一：我的读书笔记。

活动安排：同学们自读、默读课文，再读课后的"阅读提示"，然后写百字以内的读书笔记。

活动要求：各位同学的读书笔记，需要有选择性地覆盖如下某一个方面的内容：

（1）本文的故事梗概；（2）本文中的小说要素或课文的小说情节；（3）概说"刘姥姥"这个人物形象；（4）品味课文中的一处细节描写；（5）说说从刘姥姥的视角所看到的大观园。

教师指导学生按这样的顺序写读书笔记：先就某项内容进行简明的概说，然后说明其表达的细节或作用、效果。

教师示例：课文中的悬念——

鸳鸯、凤姐在晓翠堂吃饭之前，商议着"咱们今儿就拿他取个笑儿"，这里就设置了悬念。接着，鸳鸯又"拉刘姥姥出去，悄悄的嘱咐了刘姥姥一席话"。这里又设置了悬念。小说中设置悬念的好处是，引发读者的阅读期待，增强作品的吸引力，表现出叙事的一种艺术美感。

教师再示例：课文中的照应——

文中的照应让人寻味。如鸳鸯、凤姐合计取笑刘姥姥，后续的情节中就有了鸳鸯"悄悄的嘱咐了刘姥姥一席话"与之照应。接着又有吃饭入坐前刘姥姥对鸳鸯说"姑娘放心"的照应，还有刘姥姥说"你先嘱咐我，我就明白了"的再次照应。照应手法的运用，能够让故事行文流畅，细节连贯，表达严密，浑然一体。

教师示例之后，每位同学都阅读课文，写课文阅读笔记，然后课中发言，教师评说学生的阅读笔记。

教师顺势点示学生进行文意理解：

课文先进行铺垫，写刘姥姥在荣国府内游园，跟随贾母等人从潇湘馆到紫菱洲蓼溆再到秋爽斋。接着写了在秋爽斋的晓翠堂众人吃饭的场景，重点描绘了刘姥姥配合凤姐、鸳鸯拿她"取笑儿"的细节，进行了有喜剧效果的表演，表现了她朴实善良、乐观幽默、聪明机智的性格特点。

创新的自读活动二：我的课文批注。

活动安排：请同学们品析、批注课文的第6—8段。

品析批注的话题是：我品味出了这里的细节描写之妙。

要求：在批注时写一小段话，重点品味对"众人的笑"的描写，并注意学用课后阅读提示中的语言。

教师出示下面这些短语，建议同学们有选择性地运用到自己的批注之中：

绘声绘色　喜剧效果　妙趣横生　各具情态
刻画细腻　语言动作　极富个性　细节描写
动词运用　句式变化　点面结合　场面描写

教师示例：我品出了这里的细节描写之妙——

那刘姥姥入了坐，拿起箸来，沉甸甸的不伏手，——原是凤姐和鸳鸯商议定了,单拿了一双老年四楞象牙镶金的筷子给刘姥姥。

批注:这筷子大而沉,为后面情节的发展埋下了伏笔——凤姐拣了一碗鸽子蛋放在刘姥姥桌上,刘姥姥难以夹起鸽子蛋,鸽子蛋便滚落到地上,引发人们的笑,从而在细节上增加了故事的喜剧效果。

学生动笔批注,课中发言,表达看法,师生对话。

然后教师进行学习小结:

故事中"笑"的场景描写,刘姥姥是主角,她卖力"表演",滑稽搞笑。文中描绘众人的大笑,绘声绘色,各具情态,细节生动。作者通过雅与俗、庄与谐的对比,营造出了强烈的喜剧效果,值得我们细细地品味。

学生朗读,下课。

10. 九下第1课《祖国啊，我亲爱的祖国》创新教学设计

一、课文精析

1979年，舒婷在厦门灯泡厂当电焊工，4月，她发表了《致橡树》。

下面是《中学语文教学》1993年第7期扉页《作家谈课文》中舒婷所写文章的片段：

我还记得那几天我上夜班时魂不守舍，节拍已流水起伏，却瞬间消逝，把握不定；声韵已明灭如深草飘萤，闪闪烁烁，未落地铿锵，为链上的珠玑。一不留神，锡汗顺指缝滑下，烫起大大小小血泡。我突然按捺不住扔下焊条，奔到车间外空地上，仰望星空，热泪满眼。一首诗呱呱落地，我取名为"祖国啊，我亲爱的祖国！"

诗成之后，我因心动过速病假两天。

可谓心血凝成。

《祖国啊，我亲爱的祖国》有永恒的主题之美。作者深情勃发，通过"我"对"你"倾诉、抒情的方式，酣畅淋漓地抒发了爱国深情和历史责任感，成就了这一洋溢着爱国主义真情的名诗。

《祖国啊，我亲爱的祖国》有抒情主人公的线索。诗中的"我"作为抒情主人公形象，像线索一样贯串全诗。"我"的含义丰富，是祖国贫穷落后的象征，是祖国走向新生的脚步，是愿为祖国昌盛而真诚奉献的爱国子民；"我"与祖国血肉相连、生死与共。

《祖国啊，我亲爱的祖国》有清晰的情感脉络。第一节诗显现漫长岁月中祖国的苦难形象；第二节诗点示贫瘠的祖国有着痛苦的希望；第三节诗表现古老的祖国开始焕发勃勃生机；第四节诗强烈抒情，愿意为祖国奉献自己的血肉之躯。由哀痛到期盼到欢欣再到激情喷发，形成本诗美好的情感曲线。

《祖国啊，我亲爱的祖国》有异彩纷呈、意义隽永的意象。这些意象在诗中的运用，起着表达情感基调、描绘画面、营造意境、抒发情感的重要作用。它们含义丰富，需要我们在具体的语境中细细品味。

《祖国啊，我亲爱的祖国》有生动美好的手法。意象的运用，是极重要的抒情手法，还有对比手法、比喻手法、排比手法、色彩词的运用等，就连句子形式的运用都表现出一种艺术之美。还有"祖国啊"在每节诗之后的反复，形成一唱三叹的旋律，强化了抒情的韵味。

二、教学创意

本课教学创意：两个课时；根据单元教学要求，反复朗读，体味情感，审美品析。

第一个课时：朗读训练，品析训练

课始，介绍作者及其代表作品，介绍写作背景；说明"抒情主人公"的含义（抒情主人公是文学作品中进行抒情的主体形象；在抒情诗中，往往是诗中的"我"），请同学们听这首诗歌的朗读录音，认字识词。

活动一：课文朗读体味。

学生各自大声地、有感情地朗读课文，体味本诗的韵律与节奏，进行整体感受。

教师范读课文，学生倾听。

顺势指导学生朗读课文：读好语气；读好句中停连；把握语速；突现抒情重音。

教师范读第三节诗：

我／是你簇新的理想，

　　刚从神话的蛛网里／挣脱；

　　我／是你雪被下／古莲的胚芽；

　　我／是你挂着眼泪的／笑涡；

　　我／是新刷出的／雪白的起跑线；

　　是／绯红的黎明

　　正在／喷薄；

　　——祖国啊！

教师范读之后，学生各自朗读习练。

继续指导学生朗读：

第一节诗，读得深沉、凝重；第二节诗，读得沉郁、伤感；第三节诗，读得明快、自信；第四节诗，读得坚定、激情。

教师范读，学生继续朗读体味。

师生共读此诗，教师点示"我"在作品中的含义及抒情作用：

"我"是诗中的抒情主人公形象；"我"倾诉、抒发了与祖国血肉相连、荣辱与共的感情；"我"的形象熔铸在祖国的大形象里；"我"，代表着与祖国有着共同命运的、担负着重担的一代人。

学生做笔记、标注。

活动二：意象赏析品味。

教师引导学生温习意象知识：

意象：文学作品中表达作者主观情感和独特意境的典型物象，寄寓着作者思想情感的艺术形象。

指出：诗人用一系列的意象，形象地抒发对祖国的深爱的情感，请同学们圈出诗中的意象。

教师出示"意象品析"示例：

第一节诗表现祖国沉重的历史，以"河边上破旧的老水车""额上熏黑的矿灯""干瘪的稻穗""失修的路基""淤滩上的驳船"等典型意象，生动形象地刻画了祖国长期处于贫穷和落后的状态。节末一句"祖国啊"，是深沉的感叹，表达出难以言状的悲愤。

请同学们朗读，并以此为蓝本，从第二节、第三节、第四节诗中自选一节进行"意象品析"的仿写。

同学们每人写作6分钟左右，然后课中交流。

教师小结，学生朗读：

第二节诗中"飞天""花朵"表现了人民对幸福生活的向往和希望，表现了憧憬千百年而未曾实现的美好。第三节诗用"簇新的理想""古莲的胚芽""挂着眼泪的笑涡""雪白的起跑线""绯红的黎明"等一系列密集的充满活力的意象，生动地描绘了祖国生机勃勃的新貌。第四节诗中的"伤痕累累的乳房""血肉之躯"写活了祖国的养育之恩和"我"与祖国融为一体、誓为祖国的振兴而倾情奉献的美好心愿。

学生结合全诗，据此进行深入理解，做好批注。下课。

第二个课时：背诵训练，精读训练

活动一：全诗朗读背诵。

教师再次点示本诗的朗读要领：把握语速、节奏、停连和语气；表达诗中抒情主人公的情感曲线。

学生用10分钟左右的时间自由背诵本诗。

教师组织不同形式的课中背诵活动，如全班齐背、男生女生接力背诵、师生合背等。

活动二：课中书面练习。

课中练习之一为课文"思考探究"之三：结合上下文，品味下列诗句的含义。

课中练习之二为课文"思考探究"之五：仿照课文，添写承接意象的下一句。

课中练习之三为本诗第四节的精读品析：（1）这一节诗歌的内容概括；（2）这一节诗歌的表达作用分析；（3）这一节诗的美点赏析。

学生用15分钟左右的时间完成练习。

课中交流，教师评讲，收束教学。

图书在版编目（CIP）数据

例说初中语文有效教学设计 / 余映潮著. —上海：华东师范大学出版社，2024. — ISBN 978-7-5760-5145-2

I. G633.302

中国国家版本馆 CIP 数据核字第 20243AP021 号

大夏书系 | 语文之道

例说初中语文有效教学设计

著　　者　　余映潮
策划编辑　　朱永通
责任编辑　　万丽丽
责任校对　　杨　坤
装帧设计　　奇文云海·设计顾问

出版发行　　华东师范大学出版社
社　　址　　上海市中山北路 3663 号　邮编 200062
网　　址　　www.ecnupress.com.cn
电　　话　　021-60821666　行政传真 021-62572105
客服电话　　021-62865537
邮购电话　　021-62869887
地　　址　　上海市中山北路 3663 号华东师范大学校内先锋路口
网　　店　　http://hdsdcbs.tmall.com/

印 刷 者　　北京季蜂印刷有限公司
开　　本　　700×1000　16 开
印　　张　　17
字　　数　　260 千字
版　　次　　2024 年 8 月第一版
印　　次　　2024 年 8 月第一次
印　　数　　6 100
书　　号　　ISBN 978-7-5760-5145-2
定　　价　　69.80 元

出 版 人　　王　焰

（如发现本版图书有印订质量问题，请寄回本社市场部调换或电话 021-62865537 联系）